Découvrez des Jeux Gratuits en Ligne

Disponible Ici :

BestActivityBooks.com/FREEGAMES

5 ASTUCES POUR DÉMARRER !

1) COMMENT RÉSOUDRE LES MOTS MÊLÉS

Les puzzles sont dans un format classique :

- Les mots sont cachés sans espaces, tirets, ...
- Orientation : Les mots peuvent être écrits en avant, en arrière, vers le haut, vers le bas ou en diagonale (ils peuvent être inversés).
- Les mots peuvent se chevaucher ou se croiser.

2) UN APPRENTISSAGE ACTIF

Un espace est prévu à côté de chaque mots pour noter la traduction. Pour favoriser un apprentissage actif un **DICTIONNAIRE** à la fin de cette édition vous permettra de vérifier et étendre vos connaissances. Cherchez et notez les traductions, trouvez-les dans le Puzzle et ajoutez-les à votre vocabulaire !

3) MARQUEZ LES MOTS

Vous pouvez inventer votre propre système de marquage. Peut-être en utilisez-vous déjà un ? Sinon, vous pourriez, par exemple, marquer les mots qui ont été difficiles à trouver d'une croix, ceux que vous avez aimés d'une étoile, les mots nouveaux d'un triangle, les mots rares d'un diamant, etc...

4) STRUCTUREZ VOTRE APPRENTISSAGE

Cette édition vous offre un **CARNET DE NOTES** très pratique à la fin du livre. En vacances ou en voyage ou à la maison, vous pouvez facilement organiser vos nouvelles connaissances sans avoir besoin d'un second bloc-notes !

5) VOUS AVEZ FINI TOUTES LES GRILLES ?

Allez à la section bonus **CHALLENGE FINAL** pour trouver un jeu gratuit à la fin de cette édition !

Simple et Rapide ! Découvrez notre collection de livres d'activités pour votre prochain moment de détente et **d'apprentissage**, à juste un clic de distance !

Trouvez votre prochain défi sur :

BestActivityBooks.com/MonProchainLivre

À vos marques, prêts... Partez !

Saviez-vous qu'il existe environ 7 000 langues différentes dans le monde ? Les mots sont précieux.

Nous aimons les langues et avons travaillé dur pour créer les livres de la plus haute qualité pour vous. Nos ingrédients ?

Une sélection des thématiques d'apprentissage adaptée, trois belles parts de divertissement, puis nous ajoutons une cuillère de mots difficiles et une pincée de mots rares. Nous les servons avec soin et un maximum de plaisir pour vous permettre de résoudre les meilleurs jeux de mots mêlés qui soient et d'apprendre en vous amusant !

Votre avis est essentiel. Vous pouvez participer activement au succès de ce livre en nous laissant un commentaire. Nous aimerions vraiment savoir ce que vous avez préféré dans cette édition !

Voici un lien rapide qui vous mènera à la page d'évaluation de vos commandes :

BestBooksActivity.com/Avis50

Merci pour votre aide et amusez-vous bien !

De la part de toute l'équipe

1 - Été

```
R  O  P  U  Š  T  A  N  J  E  T  P  X  T
H  O  A  X  A  F  U  N  R  S  Z  O  R  W
R  D  N  O  P  Z  U  Q  K  A  V  R  C  B
A  M  R  J  O  Q  C  R  P  N  I  O  K  A
N  O  U  L  E  I  S  U  R  E  J  D  Đ  K
A  R  R  Z  J  N  N  K  I  V  E  I  P  L
R  M  A  S  I  W  J  J  J  R  Z  C  G  M
S  V  D  N  G  K  S  E  A  W  D  A  X  E
V  N  O  Q  R  B  A  Š  T  A  E  L  K  T
I  F  S  D  E  M  N  T  E  O  L  X  F  H
I  X  T  T  M  O  D  F  L  Đ  W  T  M  D
P  L  A  Ž  A  R  A  V  J  P  N  T  Q  C
B  B  I  Y  D  E  L  T  I  Y  V  X  A  U
W  M  K  D  Y  H  E  U  V  M  T  Y  V  A
```

PRIJATELJI	MORE
ZVIJEZDE	MUZIKA
PORODICA	HRANA
BAŠTA	PLAŽA
IGRE	RONJENJE
RADOST	OPUŠTANJE
KNJIGE	SANDALE
LEISURE	ODMOR

2 - Adjectifs #2

```
C X N A Č P G X P M T N P E
O V A O U W R Đ D S R W O L
L L D D V T T I W N N W N E
K C A G E O E A R T Đ I O G
R L R O N F M N U O O T S A
E F E V Y C P V T F D J A N
A N N O Z P D I N I M N N T
T Z D R A V I S Č J Č C O A
I S L A N O V U I A R N V N
V C N N I M L H S J B T O C
A X S J X O J O T A F B Y V
N U U B Z Ć I K O K N P J R
Q D Z F Z A N I M L J I V O
W H E P Z N O P I S N O S I
```

AUTENTIČNO
ČUVEN
KREATIVAN
OPISNO
NADAREN
ELEGANTAN
PONOSAN
JAK
ZANIMLJIVO

PRIRODNO
NOVO
MOĆAN
ČISTO
ODGOVORAN
ZDRAV
SLANO
DIVLJI
SUHO

3 - Exploration

```
I  Đ  J  J  X  R  X  E  T  K  A  S  R  E
F  S  F  E  P  Đ  C  B  D  U  K  V  U  W
Z  N  C  O  Z  P  B  I  I  L  T  E  Z  R
F  J  R  R  O  I  A  Đ  V  T  I  M  B  K
N  X  Y  S  P  D  K  U  L  U  V  I  U  V
E  P  U  U  Q  L  L  L  J  R  N  R  Đ  R
P  U  L  H  O  K  J  U  I  E  O  A  E  D
O  T  K  R  I  Ć  E  E  Č  C  S  K  N  Y
Z  O  A  K  U  X  U  N  N  T  T  J  F
N  V  S  B  C  A  S  Q  L  O  O  J  E  V
A  A  P  R  Z  C  R  F  H  V  S  S  V  Đ
T  N  W  O  Q  C  D  I  L  O  I  T  T  F
Y  J  P  S  Ž  I  V  O  T  I  N  J  E  Z
Q  E  W  T  O  P  A  S  N  O  S  T  I  J
```

AKTIVNOST	UZBUĐENJE
ŽIVOTINJE	ISCRPLJENOST
HRABROST	NEPOZNAT
KULTURE	JEZIK
OPASNOSTI	NOVO
OTKRIĆE	DIVLJI
ODLUČNOST	PUTOVANJE
SVEMIR	

4 - Formes

```
P  P  L  C  D  E  K  A  V  L  O  R  S  H
I  R  O  Y  O  A  V  N  Y  P  V  F  T  I
Y  A  A  L  I  N  I  J  A  W  A  T  R  P
P  A  R  V  I  S  E  T  F  M  L  K  A  E
V  D  C  Q  O  G  W  M  S  P  N  R  N  R
K  O  C  K  A  U  O  Z  N  R  I  I  A  B
E  L  I  P  S  A  G  N  F  I  G  V  Z  O
K  V  A  D  R  A  T  A  O  S  V  I  R  L
R  T  R  O  U  G  A  O  O  M  X  N  E  A
U  E  X  Y  E  C  I  L  I  N  D  A  R  B
G  M  M  B  Q  U  V  M  L  Z  I  I  L  E
R  P  D  Q  C  G  I  R  S  L  D  K  F  Q
V  D  V  U  W  A  C  E  V  Đ  B  P  N  O
D  Y  J  J  Y  O  E  A  D  Q  T  V  V  I
```

ARC	CILINDAR
IVICE	ELIPSA
KVADRAT	HIPERBOLA
KRUG	LINIJA
UGAO	OVALNI
KRIVINA	POLIGON
CONE	PRISM
STRANA	PRAVOUGAONIK
KOCKA	TROUGAO

5 - Salle de Bains

```
O  Š  A  M  P  O  N  T  F  S  V  O  D  A
G  X  L  P  C  A  M  U  P  L  R  G  D  B
L  N  X  B  Y  B  E  Š  M  A  K  A  Z  E
E  K  L  T  H  A  N  C  R  V  R  O  W  P
D  D  I  E  D  A  B  Đ  F  I  U  A  Y  B
A  X  G  P  S  A  P  U  N  N  Č  Đ  D  V
L  U  Z  I  X  J  P  A  W  A  N  G  Y  F
O  B  Q  H  L  P  A  B  C  V  I  E  E  I
V  I  U  X  F  G  R  O  B  Đ  K  F  Q  S
O  D  M  B  G  Y  F  I  W  A  G  P  F  Y
X  N  N  E  B  K  E  V  V  F  T  Q  D  O
R  J  C  E  Q  L  M  K  B  J  G  H  O  J
L  O  S  I  O  N  E  S  U  N  Đ  E  R  H
R  V  P  P  F  N  H  S  B  T  C  S  N  X
```

BATH	PARFEM
BUBBLES	SLAVINA
MAKAZE	SAPUN
TUŠ	RUČNIK
VODA	ŠAMPON
SUNĐER	TEPIH
LOSION	WC
OGLEDALO	PARA

6 - Outils de Cuisine

```
V  S  P  A  T  U  L  A  L  I  O  N  V  O
I  B  F  R  H  C  B  Z  R  O  X  Y  E  J
L  B  U  J  I  N  O  R  D  P  I  Z  Q  S
J  M  Q  X  Đ  B  I  L  Y  E  F  A  X  T
U  T  A  J  E  F  O  Q  A  C  A  N  W  I
Š  E  H  K  Đ  O  A  R  T  N  O  Ž  Q  U
K  R  O  O  A  F  R  I  Ž  I  D  E  R  P
A  M  J  W  V  Z  J  I  F  C  V  E  Q  O
B  O  H  Y  J  G  E  G  D  A  O  A  R  K
H  M  A  X  Y  R  T  O  S  T  E  R  F  L
R  E  Q  B  Č  A  J  N  I  K  B  P  G  O
D  T  O  Đ  Š  T  E  D  N  J  A  K  X  P
O  A  Đ  U  O  E  K  A  Š  I  K  A  N  A
H  R  F  M  H  R  Z  A  E  E  X  D  I  C
```

ČAJNIK	TOSTER
MAKAZE	COLANDER
NOŽ	ŠTEDNJAK
POKLOPAC	GRATER
PRIBOR	FRIŽIDER
KAŠIKA	SPATULA
PECNICA	TERMOMETAR
VILJUŠKA	

7 - Adjectifs #1

```
N E V I N C N Z T T L I A P
A F E A S P O R E A P Z M R
A R F S W K L G Š N O N B I
K Đ R V R B R J K A T A I V
T I A N F O M E A K P R C L
I I D E N T I Č N I U O I A
V E L I K O D U Š A N M O Č
N U M J E T N I Č K I A Z N
O M H L M T P K V R V T N O
P X Đ S A V R Š E N O I O B
U O Đ U K D C M G Z O C U I
M O D E R N A A U T T N U T
E G Z O T I Č N O N H O P A
Z Đ P E I F D O G R O M A N
```

POTPUNI	ISKREN
AKTIVNO	IDENTIČNI
AMBICIOZNO	BITAN
AROMATICNO	NEVIN
UMJETNIČKI	MLAD
PRIVLAČNO	SPOR
DIVNO.	TEŠKA
EGZOTIČNO	TANAK
OGROMAN	MODERNA
VELIKODUŠAN	SAVRŠENO

8 - Instruments de Musique

```
M G V G U H V O O U A S A U
V I O L I N U X B W K A W D
Y K K N J Z S A O O Č K S A
Z L X Q G P B K X M E S V R
M A A H T W A T O A L O O A
T R O M B O N W Đ R O F K L
T I U X B M J U Y I Y O R J
A N F F A G O T V M F N A K
L E T R U B A B U B A N J E
A T G I T A R A F A H A R P
F F R T A M B U R A I S Z D
F L A U T A K L A V I R A N
H A R M O N I K A H N H U W
B G N M A N D O L I N A Đ G
```

BANJO	MARIMBA
FAGOT	UDARALJKE
KLARINET	KLAVIR
FLAUTA	SAKSOFON
GONG	BUBANJ
GITARA	TAMBURA
HARMONIKA	TROMBON
HARP	TRUBA
OBOE	VIOLINU
MANDOLINA	ČELO

9 - Échecs

```
U  B  H  Đ  Z  C  P  A  S  I  V  N  O  H
O  I  S  O  A  K  R  A  L  J  I  C  A  D
N  A  T  J  E  C  A  N  J  E  I  P  P  I
T  Ž  R  T  V  A  V  Y  A  C  G  R  R  J
U  Q  A  J  T  Z  I  B  A  A  R  V  O  A
R  F  T  Đ  X  O  L  S  E  J  A  A  T  G
N  E  E  B  H  H  A  P  L  L  Y  K  I  O
I  P  G  Đ  Q  Z  F  A  L  S  A  R  V  N
R  Y  I  K  R  A  L  J  A  A  Q  Y  N  A
J  L  J  Đ  I  Z  A  Z  O  V  I  Y  Z  I  L
X  U  A  X  V  Y  U  Y  X  W  P  E  K  N
J  S  M  E  Đ  Q  Z  G  P  U  Q  C  R  O
E  H  T  O  U  V  F  Đ  T  C  H  Đ  Z  Đ
V  R  I  J  E  M  E  W  B  U  N  Z  X  V
```

PROTIVNIK	PASIVNO
BELA	KRALJICA
PRVAK	PRAVILA
NATJECANJE	KRALJ
IZAZOVI	ŽRTVA
DIJAGONALNO	STRATEGIJA
IGRA	VRIJEME
PLAYER	TURNIR
CRNA	

10 - Herboristerie

```
K A B A S I L E J D L K E K
U R Z Z B A Š T A O A O S V
L O E B P R S U L C V R T A
I M L N J Z O T R E A I R L
N A E L B M B S O K N S A I
A T N Z M A F L E J D N G T
R I O P E R Š U N M A O O E
S C I O N J C Š I G A K N T
K N C U T O F D A U L R V I
I O K X A R U B L F K F Y M
Č E Š N J A K O M O R A Č I
C O Đ P P M U E C G I A O J
J I H U Đ R S S Z F T Q N A
B Q Y C V I J E T K B Y M N
```

ČEŠNJAK	LAVANDA
AROMATICNO	MARJORAM
BASILE	MENTA
KORISNO	PERŠUN
KULINARSKI	KVALITET
ESTRAGON	ROSEMARY
KOMORAČ	ŠAFRAN
CVIJET	UKUS
SASTOJAK	TIMIJAN
BAŠTA	ZELENO

11 - Véhicules

```
K T P Đ S B M Y B O A T H S
A D L D W I J G A P U Đ I P
R Š E N W C L M Z I F V O L
A H A V U I F A T A K S I A
V E U T S K U T E R F T Y V
A L T T L L G T R A J E K T
N I O M R R B H Y V H T E P
S K B O F A A A V I I P K O
X O U T Q M K K S O T V Đ D
I P S O Z B A T E N N G A Z
J T V R G F M Z O T A U L E
Đ E A U T O I A W R A M H M
L R V H K V O S R D B E W N
P O D M O R N I C A M M H A
```

HITNA	MOTOR
AVION	ŠATL
BOAT	GUME
AUTOBUS	SPLAV
KAMION	SKUTER
KARAVAN	PODMORNICA
TRAJEKT	TAKSI
RAKETA	TRAKTOR
HELIKOPTER	BICIKL
PODZEMNA	AUTO

12 - Camping

```
F  K  O  M  P  A  S  Q  O  P  R  E  M  A
E  A  X  N  V  Đ  M  R  M  L  O  V  J  P
N  B  J  W  W  B  M  N  F  A  V  X  E  V
J  I  E  H  P  Đ  L  I  Y  N  P  V  S  I
E  N  Z  E  R  I  P  U  V  I  G  A  E  M
R  A  E  Ž  I  V  O  T  I  N  J  E  C  J
J  J  R  I  R  N  G  R  Š  A  T  O  R  D
M  A  O  Q  O  L  S  H  A  M  M  O  C  K
P  J  H  Z  D  Z  Š  E  Š  I  R  Z  C  Z
G  O  P  L  A  P  T  C  K  T  F  H  U  X
A  V  A  N  T  U  R  A  D  T  K  P  Ž  V
N  Z  V  Đ  H  L  B  Š  U  M  A  A  E  L
E  E  Y  B  G  Z  D  P  Q  U  Y  L  N  W
U  A  T  K  Y  T  A  C  M  K  L  I  K  U
```

ŽIVOTINJE	PALI!
AVANTURA	ŠUMA
KOMPAS	HAMMOCK
KABINA	INSEKT
KANU	JEZERO
MAPA	FENJER
ŠEŠIR	MJESEC
LOV	PLANINA
UŽE	PRIRODA
OPREMA	ŠATOR

13 - Conservation

```
K  Đ  M  P  C  I  K  L  U  S  H  I  R  P
H  H  H  R  R  W  J  Đ  O  Y  Z  I  U  E
I  A  C  I  K  O  R  G  A  N  S  K  I  S
L  E  B  R  L  D  M  D  O  S  K  O  Z  T
V  L  K  O  I  R  Z  J  D  T  O  B  D  I
O  O  X  D  M  Ž  E  W  E  A  E  R  R  C
D  J  L  N  A  I  L  Q  F  N  Y  A  A  I
A  J  E  O  U  V  E  S  Z  I  E  Z  V  D
Y  M  P  N  N  O  N  J  N  Š  F  O  L  B
G  V  H  E  B  T  O  G  P  T  B  V  J  Z
T  Y  D  K  L  Đ  E  G  E  E  W  A  E  Đ
W  S  N  U  P  L  A  R  G  O  P  N  A  G
M  R  Z  A  G  A  Đ  E  N  J  E  J  I  G
E  K  O  S  I  S  T  E  M  H  K  E  Q  W
```

VOLONTER	STANIŠTE
PROMJENE	PRIRODNO
KLIMA	ORGANSKI
CIKLUS	PESTICID
ODRŽIVO	ZAGAĐENJE
VODA	ZDRAVLJE
EKOSISTEM	ZELENO
OBRAZOVANJE	

14 - Écologie

```
O O F C K M A R S H S H P E
K P N F L O R A O Y L B H B
A U S B I Đ Z J O V V N B D
C K H T M A R I N E A V T D
F L G R A Z N O L I K O S T
Z A J E D N I C E P V L S B
F O L S D J A Q T R R O T I
A I K U U C Đ K N I S N A L
U I Đ R S U Š A E R T T N J
N A S S A F A Z G O A E I K
A T N I G F Q J O D H R Š E
G L O B A L N O C A Y I T O
Q C T Y P L A N I N E Z E L
P R I R O D N O D R Ž I V O
```

VOLONTERI
KLIMA
ZAJEDNICE
RAZNOLIKOST
ODRŽIVO
VRSTA
FAUNA
FLORA
GLOBALNO
STANIŠTE

MARSH
MARINE
PLANINE
PRIRODA
PRIRODNO
BILJKE
RESURSI
SUŠA
OPSTANAK

15 - Astronomie

```
E  G  A  Z  A  S  T  R  O  N  A  U  T  O
Q  A  S  R  S  A  S  T  R  O  N  O  M  P
U  L  T  A  U  Z  J  B  C  O  S  M  O  S
I  A  E  Č  P  V  N  O  Q  W  N  S  O  E
N  K  R  E  E  I  Đ  Đ  A  Y  E  V  X  R
O  S  O  N  R  J  Z  A  U  G  B  E  Y  V
X  I  I  J  N  E  M  E  Y  E  U  M  F  A
Y  J  D  E  O  Ž  K  J  M  N  L  I  Z  T
B  A  D  M  V  Đ  R  L  E  L  A  R  R  O
O  F  F  E  A  E  D  S  I  S  J  Z  A  R
L  Z  P  T  M  Z  A  L  J  P  E  A  K  I
H  Q  K  E  N  E  B  O  N  J  S  C  E  J
B  H  S  O  L  A  R  N  O  C  G  A  T  U
V  W  X  R  P  L  A  N  E  T  A  B  A  A
```

ASTEROID
ASTRONAUT
ASTRONOM
NEBO
SAZVIJEŽĐE
COSMOS
EKLIPSA
EQUINOX
RAKETA
GALAKSIJA

MJESEC
METEOR
NEBULA
OPSERVATORIJ
PLANETA
ZRAČENJE
SOLARNO
SUPERNOVA
ZEMLJA
SVEMIR

16 - Types de Cheveux

```
P  C  K  P  O  P  O  H  L  R  P  V  B  E
Z  L  E  D  K  Đ  Q  Z  D  R  A  V  R  Q
Z  P  A  M  B  E  A  C  K  O  K  X  A  T
P  N  L  V  A  N  H  W  S  E  Đ  M  I  Đ
B  O  P  E  A  B  R  O  W  N  I  V  D  Q
W  D  K  J  T  B  D  E  B  E  O  Z  E  X
K  L  D  O  Ć  E  L  A  V  G  P  E  D  M
Q  D  U  B  M  L  N  O  B  O  J  E  N  O
Q  Q  G  E  S  A  S  I  V  A  F  Đ  C  K
E  T  O  U  G  M  U  T  C  U  R  L  Y  R
K  O  V  R  Č  E  H  A  R  E  D  M  I  A
Y  G  K  J  M  K  O  N  N  Đ  F  Y  S  T
X  F  Z  O  Đ  O  A  A  A  G  M  N  Q  K
X  P  V  D  F  I  W  K  S  Q  R  S  E  O
```

BELA	SIVA
PLAVA	DUGO
KOVRČE	BROWN
ĆELAV	TANAK
OBOJENO	CRNA
KRATKO	ZDRAV
MEKO	SUHO
DEBEO	PLETENICE
CURLY	BRAIDED

17 - Restaurant #1

```
J  B  Z  D  Q  H  N  V  H  A  D  S  A  E
V  O  K  E  D  E  S  E  R  T  Đ  C  M  S
N  W  A  U  Z  H  O  U  A  S  F  X  J  B
O  L  F  U  H  J  S  Đ  N  K  O  K  O  Š
Ž  B  A  L  Q  I  L  E  A  M  E  N  I  Z
W  G  T  Đ  E  V  N  Y  N  Đ  E  U  W  A
A  I  E  L  N  A  C  J  Z  V  C  V  C  Č
S  L  R  E  Z  E  R  V  A  C  I  J  A  I
A  C  E  K  O  N  O  B  A  R  I  C  A  N
L  L  N  R  S  A  S  T  O  J  C  I  B  J
V  D  T  U  G  I  D  K  Đ  D  U  S  D  E
E  J  W  H  P  I  Đ  J  R  N  S  G  E  N
T  V  Y  D  L  H  J  E  R  U  U  C  M  O
A  M  E  S  O  P  O  A  G  I  I  H  H  G
```

ALERGIJA	HRANA
BOWL	KRUH
KAFA	KOKOŠ
NOŽ	REZERVACIJA
KUHINJA	SOS
DESERT	KONOBARICA
ZAČINJENO	SALVETA
SASTOJCI	MESO
MENI	

18 - Mammifères

```
B  I  K  P  W  O  K  I  T  Ž  O  J  V  F
L  D  O  B  A  Z  E  C  N  I  B  E  A  R
Z  D  N  W  K  S  N  C  O  R  N  O  H  R
M  I  J  I  U  L  G  O  V  A  C  T  D  C
M  A  Č  K  A  O  U  R  C  F  V  X  B  W
S  J  X  J  D  N  R  L  E  A  O  Đ  B  R
K  C  K  L  J  O  Đ  I  D  D  Đ  L  A  E
S  O  E  M  F  G  A  S  G  E  T  Q  H  P
G  J  J  S  A  Đ  Y  I  B  L  A  V  U  K
O  U  T  O  Y  J  H  C  L  F  Z  E  D  D
R  P  I  G  T  D  M  A  P  I  W  C  K  E
I  U  G  X  T  B  W  U  D  N  M  J  T  V
L  X  A  Z  E  B  R  A  N  W  A  R  C  G
A  B  R  U  S  Y  V  A  Z  A  L  D  P  A
```

KIT	ZEC
MAČKA	LAV
KONJ	VUK
PAS	OVCE
KOJOT	BEAR
DELFIN	LISICA
SLON	MAJMUN
ŽIRAFA	BIK
GORILA	TIGAR
KENGUR	ZEBRA

19 - Sports

```
G C K S U D A C R S X K T Y
I I H V K V N T E N I S R Y
M P M A O Q T E L B O K E C
N O A N M Đ S D F E C O N Đ
A B Y P A P I T G J T Š E I
S J S U A Z I P L Z G A R G
T E S T A D I O N B O R H R
I D T F L U I J N O L K O A
K N L T R P W B A L F A K Đ
U I S P M O T I D B O Đ E U
L K E B P K I C G P K F J D
P L A Y E R M I T J Đ B W Đ
J A C D V E Đ K P V M Y Y G
L A R Z R T R L Q E Đ Q D K
```

SUDAC
ATLETA
BEJZBOL
KOŠARKA
CHAMPION
TRENER
TIM
POBJEDNIK
GOLF

GIMNAZIJA
GIMNASTIKU
HOKEJ
IGRA
PLAYER
POKRET
STADION
TENIS
BICIKL

20 - Chocolat

```
Z O L N W P L F G G E O O W
S D E G Z O T I Č N O J J X
A K V X G Q C A C A O R A B
S N A Ž U D N J A V S Y A Y
T E T L O I S M U Z L R K K
O O T I O L O Đ K K A E I A
J F A V O R I T U O T C K R
A L S A M K I Z S K K E I A
K X A I G S S J D O I P R M
Š E Ć E R L E I E S Š T I E
Đ F O W P A A Q D Z U P K L
K V A L I T E T P A Q Y I S
A R O M A K U K U S N O L M
I H A H N O V Z J Đ Đ T M E
```

GORAK
ANTIOKSIDANT
AROMA
SLATKIŠ
KIKIRIKI
CACAO
KALORIJE
KARAMEL
UKUSNO
SLATKO

ŽUDNJA
EGZOTIČNO
FAVORIT
UKUS
SASTOJAK
KOKOS
KVALITET
RECEPT
ŠEĆER

21 - Mathématiques

```
V O L U M E F A J F K P G P
U Y E X P O N E N T M O E R
T G D E C I M A L N I L O A
R S L V O M K Z S Đ T I M V
O I K O A B P K G W B G E O
U M V E V D I K H I N O T U
G E A P N I E M A A H N R G
A T D X I A B R O J E V I A
O R R J Đ M F J K B S J J O
Z I A W J E D N A Č I N A N
C J T R R T R A D I J U S I
Z A M O P E R I M E T A R K
S U M A A R I T M E T I K A
F I X P A R A L E L N O Y E
```

UGLOVI	PARALELNO
ARITMETIKA	PERIMETAR
KVADRAT	POLIGON
OBIM	RADIJUS
DECIMALNI	PRAVOUGAONIK
DIAMETER	SUMA
EXPONENT	SIMETRIJA
JEDNAČINA	TROUGAO
GEOMETRIJA	VOLUME
BROJEVI	

22 - Mythologie

```
P  O  N  A  Š  A  N  J  E  M  R  S  S  T
G  D  L  J  U  B  O  M  O  R  A  T  M  R
K  A  T  A  S  T  R  O  F  A  T  V  R  I
U  A  L  Č  E  T  I  K  U  O  N  O  T  J
L  F  P  A  U  Z  V  X  U  P  I  R  N  U
T  Z  J  S  B  D  J  A  E  V  K  E  I  M
U  U  U  S  J  I  O  F  R  D  V  N  K  F
R  D  K  K  Q  R  R  V  R  A  B  J  L  A
A  M  E  V  A  J  Q  I  I  L  N  E  E  O
J  U  N  A  K  T  F  K  N  Š  V  J  G  S
B  N  T  H  U  N  D  E  R  T  T  N  E  V
Z  J  S  T  R  E  N  G  T  H  V  E  N  E
M  A  R  H  E  T  I  P  U  Đ  O  B  D  T
B  E  S  M  R  T  N  O  S  T  X  O  A  A
```

ARHETIP	JUNAK
KATASTROFA	BESMRTNOST
NEBO	LJUBOMORA
PONAŠANJE	LABIRINT
STVARANJE	LEGENDA
STVORENJE	ČUDOVIŠTE
KULTURA	SMRTNIK
MUNJA	THUNDER
STRENGTH	TRIJUMFA
RATNIK	OSVETA

23 - Restaurant #2

```
G  B  E  L  Y  U  K  A  Z  R  V  A  W  G
S  U  P  A  D  K  W  O  L  O  O  O  F  Đ
O  T  M  O  Y  U  P  Q  N  Đ  Ć  Đ  D  K
P  N  O  Z  N  S  U  Z  Y  O  E  Q  I  A
O  E  W  L  V  N  R  I  B  A  B  J  I  Š
V  U  M  Z  I  O  J  J  D  E  S  A  J  I
R  I  C  C  L  C  Z  A  Č  I  N  I  R  K
Ć  C  C  K  J  R  A  J  N  L  R  Đ  L  A
E  U  U  L  U  M  R  A  C  Y  U  Y  I  S
Y  E  O  Q  Š  T  T  K  V  E  Č  E  R  A
B  C  W  V  K  O  L  A  Č  Đ  A  F  Z  L
C  R  F  J  A  W  L  E  D  E  K  E  H  A
G  B  S  C  E  T  Q  T  G  Y  B  I  L  T
U  L  C  F  D  A  W  J  D  H  U  X  V  A
```

STOLICA	KOLAČ
KAŠIKA	LED
RUČAK	POVRĆE
UKUSNO	JAJA
VEČERA	RIBA
VODA	SALATA
ZAČINI	SO
VILJUŠKA	KONOBAR
VOĆE	SUPA

24 - Couleurs

```
A Z U R E Ž B T Y M A D Z K
B E Ž N O Z U Đ P A C R N A
D L X N A B F T Y G Y O M Đ
S E P I A R X B O E A Z D L
Đ N B V Q O A Z G N N E P P
R O R C B W R N H T M R D U
V I O R V N C J D A L F F R
I C G V P L A V A Ž A U U P
Q N B E L A O O T C A K K U
A V D N S W D Q E Đ T S Z R
C P V I Đ S V I C D J I T N
X I R Y G R R Z X P V J V O
E S I V A O G D M O J A P R
O F Đ M K Đ J J I P C I J R
```

AZURE	MAGENTA
BEŽ	BROWN
BELA	CRNA
PLAVA	NARANDŽASTO
CYAN	ROZE
FUKSIJA	CRVEN
SIVA	SEPIA
INDIGO	ZELENO
ŽUTO	PURPURNO

25 - Avions

```
P R A V A C O L P E D W S U
H R P M T T Q U O P I V L T
W J K A G L P V S Đ S J E S
S Z X K U O V I A C T A T V
X V F F B J R S D X O V A Z
T U H K P F P I A N R A N A
Z G D K M Q T N V F I N J T
V R P I L O T A B O J T E M
S A A V O D I K L P A U D O
O D J K P R O P E L E R I S
M N U Đ S N C D V E J A Z F
O J Q T L D E S C E N T A E
E A M O T O R B A L O N J R
P U T N I K F I O R X G N A
```

ZRAK
ATMOSFERA
SLETANJE
AVANTURA
BALON
GORIVO
NEBO
GRADNJA
DESCENT
DIZAJN

PRAVAC
POSADA
VISINA
PROPELERI
ISTORIJA
VODIK
MOTOR
PUTNIK
PILOT

26 - Aventure

```
O  P  A  S  N  O  T  S  F  N  I  E  R  L
P  R  I  L  I  K  A  E  W  G  Z  N  R  J
P  R  I  R  O  D  A  Š  F  A  T  Q  E
O  D  R  E  D  I  Š  T  E  K  Z  U  I  P
I  T  I  N  E  R  A  R  C  D  O  Z  N  O
Đ  A  M  O  A  N  Q  K  Q  D  V  I  U  T
U  E  U  V  K  V  H  Y  D  P  I  J  R  A
I  L  G  O  G  S  I  Z  L  E  T  A  A  S
Q  T  Z  G  J  S  M  G  Đ  J  S  Z  D  P
P  R  I  P  R  E  M  A  A  Š  T  A  O  P
A  K  T  I  V  N  O  S  T  C  A  M  S  Q
Z  P  R  I  J  A  T  E  L  J  I  N  T  B
H  R  A  B  R  O  S  T  E  J  L  J  S  A
L  Đ  N  B  N  E  O  B  I  Č  N  O  A  A
```

AKTIVNOST	IZLET
PRIJATELJI	NEOBIČNO
LJEPOTA	ITINERAR
HRABROST	RADOST
ŠANSA	PRIRODA
OPASNO	NAVIGACIJA
ODREDIŠTE	NOVO
IZAZOVI	PRILIKA
TEŠKO	PRIPREMA
ENTUZIJAZAM	

27 - Ville

```
A  Đ  Y  F  H  H  Y  M  N  T  A  M  R  S
P  C  V  O  H  B  F  U  R  Đ  E  H  E  U
S  Y  G  T  J  I  Đ  Z  R  Đ  R  M  S  P
T  N  U  R  H  O  T  E  L  A  O  K  T  E
A  E  Š  C  S  C  J  B  E  D  L  O  R
D  P  W  I  O  K  N  V  U  C  R  I  R  M
I  O  O  Š  N  O  Z  P  J  Y  O  N  A  A
O  U  M  T  E  P  C  E  S  E  M  I  N  R
N  E  C  E  E  H  C  K  P  Š  Ć  K  Z  K
Z  O  O  U  G  K  B  A  N  K  A  A  A  E
Z  K  N  J  I  Ž  A  R  A  O  H  E  R  T
G  A  L  E  R  I  J  A  B  L  N  N  G  A
B  I  B  L  I  O  T  E  K  A  L  N  F  R
L  P  O  Z  O  R  I  Š  T  E  Z  D  T  L
```

AERODROM	KNJIŽARA
BANKA	TRŽIŠTE
BIBLIOTEKA	MUZEJ
PEKARA	APOTEKA
BIOSKOP	RESTORAN
KLINIKA	STADION
ŠKOLA	SUPERMARKET
CVJEĆAR	POZORIŠTE
GALERIJA	ZOO
HOTEL	

28 - Cuisine

```
L A D L E D C J U G T Z Đ O
S A L V E T A J A I D T W X
K B Y Z N G O S Z R T C X Z
L V M P T Đ V U F Z U F N
R O Š T I L J N H R A N A K
S Š N B F S B Đ Q I Č R Z E
X F O O V O F E X Ž I T A C
T C K L P H B R X I N Y M E
G X D A J X O T K D I C R L
Đ V M P Š E W P B E M U Z J
X X X T R I L Q C R M A I A
R E C E P T K F O R K S V T
N O Ž E V I P E C N I C A U
I W Č A J N I K T Y M X Č S
```

BOWL
ČAJNIK
ZAMRZIVAČ
NOŽEVI
JUG
KAŠIKE
ZAČINI
SUNĐER
PECNICA
FORKS

ROŠTILJ
LADLE
HRANA
JAR
RECEPT
FRIŽIDER
SALVETA
KECELJA
ŠOLJE

29 - Corps Humain

```
L P Q F I N G E R Đ X J D L
D P E Đ B O N G G D U N Q A
N Z O O P S R C E N S Q M Y
Q X W P C L N V R A T C O S
U S N E N Đ Đ G Y A A B Z T
Đ V N L W O Z R O M M Č A S
Z K I I H B D E Y L C E K Z
I K T C A Q C M L S T L O J
M O Đ E H G L E Ž A N J Ž V
G L A V A I P V A V U U A Z
L J A G A Z N R U K A S A V
F E L K R V U N H E H T P C
B N H T A V Y J O V Y X N Y
V O I X R T R B U H R D S N
```

USTA	USNE
MOZAK	RUKA
GLEŽANJ	ČELJUST
VRAT	CHIN
LAKAT	NOS
SRCE	UHO
FINGER	KOŽA
TRBUH	KRV
RAME	GLAVA
KOLJENO	LICE

30 - Épices

```
K  G  B  K  Y  D  D  Z  U  N  R  B  J  H
I  O  I  K  A  R  D  A  M  O  M  Č  O  T
S  R  H  N  T  R  N  U  Z  A  E  L  G
E  A  X  L  G  O  C  I  Q  I  M  Š  L  E
L  K  L  U  K  E  U  S  L  B  P  N  Đ  F
O  V  I  Š  A  F  R  A  N  Z  H  J  N  K
M  A  C  P  A  P  R  I  K  A  C  A  S  K
F  N  O  R  O  O  Y  O  J  N  T  K  D  O
P  I  R  C  I  M  E  T  C  T  C  Đ  K  M
J  L  I  M  U  Š  K  A  T  U  Đ  N  E  O
L  I  C  L  Y  Y  T  Y  N  K  M  Y  V  R
K  J  E  B  I  B  E  R  F  U  P  I  N  A
B  A  N  N  Y  N  D  M  Q  S  B  Đ  N  Č
C  O  R  I  A  N  D  E  R  O  C  I  J  H
```

KISELO	GINGER
ČEŠNJAK	MUŠKAT
GORAK	LUK
ANIS	PAPRIKA
CIMET	BIBER
KARDAMOM	LICORICE
CORIANDER	ŠAFRAN
CUMIN	UKUS
CURRY	SO
KOMORAČ	VANILIJA

31 - Science

```
B  I  L  J  K  E  P  A  T  O  M  N  L  G
Č  E  S  T  I  C  E  O  M  F  K  J  A  M
M  I  N  E  R  A  L  I  D  N  Đ  X  B  F
H  I  P  O  T  E  Z  A  B  A  E  L  O  W
G  G  I  S  F  N  U  F  M  H  C  Y  R  V
G  R  A  V  I  T  A  C  I  J  A  I  A  P
L  N  T  D  Z  M  E  T  O  D  A  R  T  R
R  K  T  K  I  V  O  F  O  S  I  L  O  I
N  C  V  U  K  S  K  L  I  M  A  P  R  R
X  M  D  T  A  O  Z  J  E  C  W  E  I  O
H  E  M  I  J  S  K  I  U  K  T  Y  J  D
O  R  G  A  N  I  Z  A  M  L  U  S  A  A
E  K  S  P  E  R  I  M  E  N  T  L  B  C
Đ  Č  I  N  J  E  N  I  C  A  Đ  I  E  I
```

ATOM   LABORATORIJA
HEMIJSKI   METODA
KLIMA   MINERALI
PODACI   MOLEKULE
EKSPERIMENT   PRIRODA
ČINJENICA   ORGANIZAM
FOSIL   ČESTICE
GRAVITACIJA   FIZIKA
HIPOTEZA   BILJKE

32 - Chats

```
M X K Y S P Q D Q B W C I F
B M X R L Q M S L F R K A E
D I A M Z P A P W O R Z N H
I Š W A Z N K A N D Ž A H U
V O Y U U G O V G Đ G K Đ K
L S W U S L R A A B Y X L Đ
J P V Z G G A T M U K N Y M
I D E P A W L I Č N O S T A
Y K P R E D E U R E P E J L
L O V A C L J S D E X B R O
D N E Z A V I S N A X N J A
S T I D L J I V X Đ D F X M
E T A S B D S A K X X W U P
B V M L O E R B T Y F W Đ U
```

LOVAC	LIČNOST
SPAVATI	MALO
PREDE	REP
LUD	BRZ
KRZNO	DIVLJI
KANDŽA	MIŠ
NEZAVISNA	STIDLJIV
PAW	

33 - Vêtements

```
O  M  Š  A  L  N  S  O  C  U  G  U  K  P
T  A  O  O  W  Q  A  G  Đ  C  N  G  E  I
S  A  N  D  A  L  E  R  C  Đ  V  M  C  D
H  C  S  B  A  Z  N  L  U  T  I  A  E  Ž
M  L  K  A  I  Š  A  I  B  K  C  K  L  A
G  J  A  K  N  A  D  C  L  O  V  V  J  M
V  X  P  Č  I  G  Đ  A  U  Š  D  I  A  A
A  W  U  G  E  B  X  A  Z  U  R  A  C  Y
V  L  T  G  G  F  H  A  L  J  I  N  A
U  H  G  B  E  S  U  K  N  J  A  U  H  Q
J  H  R  V  G  K  R  U  K  A  V  I  C  E
U  F  S  O  F  A  R  M  E  R  K  E  B  H
E  Q  Đ  S  K  D  Q  E  Y  Š  E  Š  I  R
D  Ž  E  M  P  E  R  S  C  I  P  E  L  A
```

NARUKVICA	SUKNJA
KAIŠ	KAPUT
ŠEŠIR	MODA
CIPELA	HLAČE
KOŠULJA	DŽEMPER
BLUZA	PIDŽAMA
OGRLICA	HALJINA
ŠAL	SANDALE
RUKAVICE	KECELJA
FARMERKE	JAKNA

34 - Arts Visuels

```
Đ  J  D  D  V  U  T  K  W  E  U  O  P  F
S  K  U  L  P  T  U  R  A  E  W  L  E  O
H  B  K  M  F  A  A  N  C  Y  E  O  R  T
A  S  E  L  P  O  R  T  R  E  T  V  S  O
K  X  R  I  U  J  H  W  K  W  U  K  P  G
Đ  J  A  E  F  I  I  K  A  Q  M  A  E  R
O  R  M  D  M  W  T  S  H  X  J  K  K  A
G  K  I  X  O  E  E  I  S  F  E  R  T  F
L  W  K  F  X  D  K  V  D  I  T  E  I  I
I  Q  A  W  S  E  T  D  P  L  N  D  V  J
N  S  L  I  K  A  U  H  J  M  I  A  A  A
A  G  L  N  K  N  R  X  A  E  K  X  M  H
H  M  X  Q  V  Đ  A  A  C  Z  L  W  C  Y
K  R  E  A  T  I  V  N  O  S  T  O  W  H
```

ARHITEKTURA	KREATIVNOST
GLINA	FILM
UMJETNIK	SLIKA
KERAMIKA	PERSPEKTIVA
REMEK-DJELO	FOTOGRAFIJA
ASEL	PORTRET
WAX	SKULPTURA
KREDA	OLOVKA

35 - Méditation

```
Q Z J P D Z P Y L O R O X O
O A A R E I R R H Đ Z C B S
G H S I A P S M I S G H S Q
S V N H Z P O A I R M S S F
P A O V N E Q Đ N S O L D P
L L Ć A Y R M I R J L D K O
U N A T D S U V I D E I A K
K O O A F P Z M R A Z U M R
T S I N S E I E M O C I J E
T T Đ J W K K P A Ž N J A T
T F M E N T A L N O Đ I O O
I D D X Q I N U Č E N J A F
J D L Đ K V B T I Š I N A T
I M B U D A N U Y F K S X J
```

PRIHVATANJE   MENTALNO
UVID   POKRET
PAŽNJA   MUZIKA
JASNOĆA   PRIRODA
UČENJA   MIR
RAZUM   MISLI
EMOCIJE   PERSPEKTIVA
BUDAN   DISANJE
ZAHVALNOST   TIŠINA

36 - Littérature

```
P O E T I K A D C Q F V A T
F P L K G P N W I Y S G U G
I I Đ K P O E M A J D R T K
K S U F Z R G N A R A T O R
C T T I M E D U H I D L R D
I I N L E Đ O G Q M Z T O X
J L K I T E T K J A P Z D G
A R O M A N A A N A L I Z A
V D C L F J U P E E R H I O
T E M A O E C E D Y K J P C
W T O Đ R I T A M H Z U Y X
U Q F Z A K L J U Č A K I Q
B I O G R A F I J A P R M T
A N A L O G I J A T P S H I
```

ANALOGIJA
ANALIZA
ANEGDOTA
AUTOR
BIOGRAFIJA
POREĐENJE
ZAKLJUČAK
OPIS
DIJALOG
FIKCIJA

METAFORA
NARATOR
POEMA
POETIKA
RIMA
ROMAN
RITAM
STIL
TEMA

37 - Nourriture #1

```
C  L  I  O  E  W  Š  M  E  S  O  X  V  R
L  I  M  U  N  X  P  R  J  A  G  O  D  A
A  U  M  Č  F  E  I  K  T  X  I  L  W  Đ
N  O  L  E  M  C  N  V  X  U  K  J  E  G
G  A  I  Š  T  R  A  A  X  S  N  C  A  A
P  I  J  N  F  E  T  T  J  E  Č  A  M  L
C  J  E  J  B  P  Z  D  U  C  K  Z  R  G
D  Đ  K  A  G  A  C  M  T  G  R  H  N  N
K  S  O  K  P  P  S  O  L  P  U  A  D  Y
F  U  E  A  B  A  A  I  W  H  Š  P  J  W
C  P  K  F  S  S  L  Đ  L  U  K  T  Q  Y
I  A  P  A  Z  Z  A  X  R  E  A  G  X  Z
K  V  J  Y  V  D  T  Š  E  Ć  E  R  Đ  Đ
W  X  A  D  K  W  A  J  Y  O  W  F  Đ  Đ
```

ČEŠNJAK	REPA
BASILE	LUK
KAFA	JEČAM
CIMET	KRUŠKA
MRKVA	SALATA
LIMUN	SO
ŠPINAT	SUPA
JAGODA	ŠEĆER
SOK	TUNA
MLIJEKO	MESO

38 - Jours et Mois

```
F E B R U A R S R I J E D A
P P O N E D J E L J A K P W
J K Z R M Y U D D Y Z U Z O
S U U Q A Y N M J E S E C K
M Z L Z R X B I Đ D U W U T
O S H I T Z Y C N D B Y D O
O E G G B N N U O A O K L B
A P R I L Č E T V R T A K A
Q T M S J G D O E P A L A R
D E Q H A B J R M E L E V Y
W M Đ P N N E A B T G N G E
E B G Q U R L K A A S D U G
R A Y I A G J Đ R K O A S U
A R J F R S A X Z G S R T S
```

AVGUST   UTORAK
APRIL   MART
KALENDAR   SRIJEDA
NEDJELJA   MJESEC
FEBRUAR   NOVEMBAR
JANUAR   OKTOBAR
ČETVRTAK   SUBOTA
JULI   SEDMICU
JUN   SEPTEMBAR
PONEDJELJAK   PETAK

39 - Championnat

```
O  C  S  M  S  W  L  M  D  R  X  F  F  B
K  V  P  E  S  F  I  N  A  L  I  S  T  A
U  I  O  D  I  N  G  I  G  H  R  L  P  Đ
Z  A  R  A  C  K  A  T  Y  S  A  M  O  U
T  S  T  L  H  N  K  G  B  T  Q  C  M  U
E  U  X  J  A  H  H  O  K  R  K  E  P  G
T  D  R  A  M  O  T  I  V  A  C  I  J  A
I  I  H  N  P  R  V  A  K  T  Z  O  Y  S
M  J  X  Đ  I  W  F  M  Y  E  I  G  R  E
Z  A  W  U  O  R  O  C  Z  G  T  G  Z  B
N  N  P  S  N  I  Đ  B  G  I  V  O  Q  Q
U  L  O  J  L  H  J  P  C  J  F  U  V  T
Q  H  U  J  M  Z  X  H  Q  A  E  Q  H  R
T  R  E  N  E  R  P  O  B  J  E  D  A  R
```

PRVAK	MEDALJA
CHAMPION	MOTIVACIJA
TRENER	SPORT
TIM	STRATEGIJA
FINALISTA	TURNIR
IGRE	ZNOJ
SUDIJA	POBJEDA
LIGA	

40 - Pirates

```
V B C K C M X B K F V P G L
A L Z I Z P A P O S A D A E
Z A S T A V A P V K I Q D G
L G G R Q B P L A Ž A K A E
G O R D I A M K N N B D V N
F O R T Y S Q S I D R O A D
L K H Đ Y I L Q C H J C N A
V H Z L A T O A E B Y E T K
K A P E T A N G N H W A U E
D P V R L Q V A B D C N R X
R W T U O P A S N O S T A U
K I M M Š D P E Ć I N A Q B
U K A D Đ G U P A P A G A J
S W Č L O Ž I L J A K E P L
```

SIDRO	ISLAND
AVANTURA	LEGENDA
KAPETAN	LOŠ
MAPA	OCEAN
OŽILJAK	ZLATO
OPASNOST	PAPAGAJ
ZASTAVA	KOVANICE
MAČ	PLAŽA
POSADA	RUM
PEĆINA	BLAGO

41 - Activités

```
S  E  Z  Š  I  V  A  N  J  E  R  U  W  Z
V  Đ  M  A  G  I  J  A  K  B  I  M  U  A
T  P  E  M  G  G  W  I  N  A  B  J  D  D
K  V  E  Y  B  O  T  U  D  Q  O  E  F  O
Z  J  O  K  K  U  N  D  F  V  L  T  O  V
U  E  O  A  T  Đ  Z  E  Q  F  O  N  T  O
Z  Š  P  M  K  L  O  V  T  X  V  O  O  L
Č  T  U  P  E  T  O  S  Đ  K  P  S  G  J
Z  I  Š  I  L  E  I  S  U  R  E  T  R  S
A  N  T  R  W  X  Đ  V  S  L  I  K  A  T
N  A  A  A  J  P  B  W  N  S  M  F  F  V
A  R  N  N  N  N  J  X  L  O  P  B  I  O
T  J  J  J  G  J  I  G  R  E  S  C  J  V
I  X  E  E  H  O  E  D  K  A  L  T  A  L
```

AKTIVNOST	LEISURE
UMJETNOST	MAGIJA
ZANATI	SLIKA
KAMPIRANJE	RIBOLOV
LOV	FOTOGRAFIJA
VJEŠTINA	ZADOVOLJSTVO
ŠIVANJE	ZAGONETKE
IGRE	OPUŠTANJE
ČITANJE	

42 - Fleurs

```
X O Z A U H J A S M I N E T
D P A S S I O N F L O W E R
A E G O M B S E H W S D J A
F T T R A I U F S F Đ Đ E T
F A O H S S N K Y D K O J I
O L L I L K C F E L G R J N
D B A D A U O Đ T T U I E Č
I P V E Č S K R P O P P Y I
L N A J A X R T U L I P K C
Z Y N A K J E L J X R M R A
C U D U H P T Z I O N S G Q
T W A P E O N Y C L O V E R
R J O R G O V A N J Y D W P
J L C M Z F G A R D E N I A
```

BUKET
GARDENIA
HIBISKUS
JASMINE
DAFFODIL
LAVANDA
JORGOVAN
LILY
TRATINČICA

ORHIDEJA
PASSIONFLOWER
POPPY
PETAL
MASLAČAK
PEONY
SUNCOKRET
CLOVER
TULIP

43 - Nourriture #2

```
E  G  L  G  Z  V  S  U  B  C  S  R  R  B
M  P  R  G  P  E  I  W  W  O  D  I  J  I
Y  A  K  O  K  O  Š  U  N  K  A  Ž  I  T
W  T  I  Q  Ž  G  L  J  I  V  A  A  P  G
H  L  V  F  E  Đ  X  L  M  E  J  I  V  A
Č  I  I  M  P  Š  E  N  I  C  A  L  B  G
O  D  F  F  A  B  A  D  E  M  B  B  P  R
K  Ž  L  T  P  N  B  R  O  K  U  L  A  I
O  A  K  R  B  V  G  A  M  A  K  A  R  B
L  N  C  E  L  E  R  O  N  Y  A  A  A  A
A  R  D  Š  K  R  U  H  R  A  T  J  D  F
D  N  V  N  Z  F  T  R  K  A  N  A  A  Q
A  F  W  J  D  V  W  J  N  L  J  A  J  E
L  E  Đ  A  C  J  J  F  E  K  Z  X  Z  D
```

BADEM	KIVI
PATLIDŽAN	MANGO
BANANA	JAJE
PŠENICA	KRUH
BROKULA	RIBA
TREŠNJA	JABUKA
CELER	KOKOŠ
GLJIVA	GROŽĐE
ČOKOLADA	RIŽA
ŠUNKA	PARADAJZ

44 - Océan

```
W Z B L Z P J C A A B X G S
U J X O R A L E G Q O E X O
K O R A L A Y I G E A O Z H
D Y Z C G G Y E M U T L C S
X S N B J L Đ W T E L U P U
O T Y Š K A M P D I H J J N
C E E H O B O T N I C A A Đ
G R O Q R I B A R W Y Q K E
R K C H N M O R D M T D T R
E R V U J A K M E D U Z A W
B B A K A J K U L A N T L U
E Y U K Č G I G F C A G A X
N K A I A R T Đ I K X T S N
L P H I L Y X Đ N V L E I H
```

JEGULJA
KIT
BOAT
KORAL
RAK
ŠKAMP
DELFIN
SUNĐER
OYSTER
PLIME

MEDUZA
RIBA
HOBOTNICA
AJKULA
GREBEN
SO
OLUJA
TUNA
KORNJAČA
TALASI

45 - Remplir

```
D  S  R  S  Z  B  U  R  E  J  T  D  V  P
D  Y  I  Q  H  H  S  B  D  U  B  O  C  A
A  P  J  F  F  J  H  K  K  I  J  J  I  K
J  H  O  T  A  O  U  A  E  L  P  L  J  E
F  F  H  L  D  N  G  N  N  T  B  R  E  T
M  A  L  E  N  E  K  T  B  Q  L  E  V  S
K  A  R  T  O  N  K  A  U  S  D  X  G  V
K  D  Ž  E  P  A  O  K  O  V  E  R  T  A
Q  E  L  T  K  R  F  T  M  F  U  I  Q  Z
O  I  S  Y  L  C  E  K  I  J  N  C  Y  A
B  V  T  A  J  A  R  F  O  L  D  E  R  B
K  U  T  I  J  A  W  T  T  J  A  Z  C  H
B  B  O  K  S  S  G  S  A  N  D  U  K  E
I  Z  C  Đ  G  D  R  B  D  Č  B  I  M  D
```

BURE	DŽEP
KUTIJA	JAR
BOCA	KESA
SANDUK	KANTA
KARTON	CRTAČ
FOLDER	CIJEV
KOVERTA	KOFER
BSKET	VAZA
PAKET	

46 - Ballet

```
O  W  D  S  I  U  H  W  U  W  G  E  S  T
L  R  Z  P  E  B  L  J  M  U  Z  I  K  A
C  S  K  R  I  T  A  M  J  I  M  K  J  K
I  N  T  E  N  Z  I  T  E  T  S  O  L  O
A  X  D  V  S  D  Z  G  T  G  V  K  T  R
P  B  M  W  T  T  L  W  N  R  J  O  E  E
L  L  A  H  I  A  A  P  I  A  E  M  H  O
A  D  E  L  L  O  X  R  Č  C  Š  P  N  G
U  P  V  S  E  Đ  U  M  K  I  T  O  I  R
Z  R  A  N  A  R  P  P  I  O  I  Z  K  A
D  O  Đ  Đ  M  Č  I  N  S  Z  N  I  A  F
H  B  F  Z  F  Y  I  N  A  A  A  T  T  I
J  A  M  I  Š  I  Ć  I  A  N  I  O  I  J
I  Z  R  A  Ž  A  J  N  O  L  Q  R  Q  A
```

APLAUZ
UMJETNIČKI
BALERINA
KOREOGRAFIJA
VJEŠTINA
KOMPOZITOR
PLESAČI
IZRAŽAJNO
GEST
GRACIOZAN

INTENZITET
MIŠIĆI
MUZIKA
ORKESTAR
PROBA
RITAM
SOLO
STIL
TEHNIKA

47 - Fruit

```
F  X  L  K  B  L  N  T  M  S  L  G  E  G
T  M  J  H  F  L  I  E  O  R  J  U  Z  R
S  P  A  P  A  Y  A  M  K  O  U  A  D  O
Đ  H  B  L  L  T  D  D  U  T  A  V  V  Ž
B  W  U  F  I  G  R  I  R  N  A  A  D  Đ
R  K  K  V  Đ  N  M  A  N  G  O  R  D  E
E  B  A  N  A  N  A  A  C  Z  E  Z  I  A
S  A  B  M  A  R  E  L  I  C  A  Q  N  N
K  V  E  A  N  A  N  A  S  N  P  Y  J  L
V  O  R  F  O  K  R  U  Š  K  A  O  A  Q
I  K  R  N  A  R  A  N  D  Ž  A  S  T  O
C  A  Y  Z  P  X  A  H  Z  E  P  B  O  R
A  D  U  F  U  K  I  V  I  M  C  V  O  L
E  O  E  H  N  T  R  E  Š  N  J  A  O  Đ
```

MARELICA	KIVI
ANANAS	MANGO
AVOKADO	DINJA
BERRY	NEKTARIN
BANANA	NARANDŽASTO
TREŠNJA	PAPAYA
LIMUN	BRESKVICA
FIG	KRUŠKA
MALINA	JABUKA
GUAVA	GROŽĐE

48 - Surf

```
Z  R  E  Đ  P  I  O  B  M  U  P  Y  Đ  Z
Y  T  B  N  Đ  E  Đ  A  F  P  W  S  K  A
Z  I  L  C  B  P  O  S  S  O  K  T  H  B
P  J  E  N  A  R  Y  D  H  Č  U  R  J  A
L  T  V  L  Z  V  D  G  R  E  B  E  N  V
A  Q  R  F  O  A  R  U  U  T  M  N  D  A
Ž  U  I  B  T  K  H  Ž  L  N  C  G  B  J
A  J  O  G  U  J  A  V  K  I  R  T  K  C
O  C  E  A  N  H  I  E  Q  K  R  H  C  B
E  X  T  R  E  M  E  A  T  L  E  T  A  Z
S  P  Z  A  X  W  P  B  R  Z  I  N  A  O
P  O  P  U  L  A  R  A  N  D  Đ  Z  W  G
V  V  M  N  K  A  V  P  O  V  B  T  E  F
G  G  E  O  U  X  S  T  I  L  X  T  U  W
```

ZABAVA	PJENA
ATLETA	OCEAN
PRVAK	PLAŽA
POČETNIK	POPULARAN
TRBUH	GREBEN
EXTREME	STIL
STRENGTH	TALAS
GUŽVE	BRZINA

49 - Technologie

```
N X B S D T E A C K U D P V
S T A T I S T I K A N H R I
J Z J V G G Q S Z M I X E R
T M T H I Z U T C E O V G U
Y S O F T V E R H R A R L S
R U V P A K P A N A L B E V
I X A I L Đ O Ž F O U I D I
E K R A N H R I B R S N N R
F U P F O L U V L A Đ T I T
Y R C O A B K A O Č I E K U
T S Q F D J A N G U Z R G A
N O L J F A L J X N G N O L
H R F O N T C E O A P E B N
J R X G Y B Q I K R J T F O
```

BLOG
KAMERA
KURSOR
PODACI
EKRAN
FAJL
INTERNET
SOFTVER
PORUKA
PREGLEDNIK

DIGITALNO
BAJTOVA
RAČUNAR
FONT
ISTRAŽIVANJE
SIGURNOST
STATISTIKA
VIRTUALNO
VIRUS

50 - Météo

```
P O P L A V A E Đ M V O M A
V A P Z A W Đ X Y O J L Z A
V M I X S V G B H N E U X U
V G A T V Q L M Q S T J U T
O I N K J J Y A Y U A A R J
A P S S A R W G Ž N R X A S
P J J U O H D L Đ N P V G R
P A J Š H T P A J Y O Y A K
D U G A X O B L A K L Y N L
T E M P E R A T U R A E G I
R C T H U N D E R I R N D M
M U N J A A T M O S F E R A
Đ D T J N D L R Đ S M B F H
H H L D M O L O A U K O R J
```

DUGA
ATMOSFERA
MAGLA
NEBO
KLIMA
MUNJA
LED
VLAŽNO
POPLAVA
MONSUN

OBLAK
URAGAN
POLAR
SUHO
SUŠA
TEMPERATURA
OLUJA
THUNDER
TORNADO
VJETAR

51 - Châteaux

```
J C K Đ G D Z K R U N U F N
L R O U Z H I H K Q O O E M
C X N O S Đ D N R Q B K U F
Y A J H F T E M A Č L L D P
C A R S T V O P L S E O A R
T V R Đ A V A H J K T P L I
J D V I T E Z Z E A B I G N
P E O A W Q Y Z V T L D J C
O K D M T K A M S A M N O A
P R I N C E Z A T P N X S I
N T R A O N L J V U Š H N G
X Q V I U R K H O L T T S R
T O R A N J O R S T E W I D
P A L A Č A U G U T V I L T
```

OKLOP	FEUDAL
ŠTIT	TVRĐAVA
KATAPULT	JEDNOROG
KONJ	ZID
VITEZ	NOBLE
KRUNU	PALAČA
ZMAJ	PRINC
DINASTIJA	PRINCEZA
CARSTVO	KRALJEVSTVO
MAČ	TORANJ

52 - Randonnée

```
K Q B M Ž H S T U M O R A N
L K P R I P R E M A D M I M
I A L P V V M Š D I V L J I
M M A A O O A K Y A O Č N U
A P N R T D P A N P D I I D
F I I K I A A A C O I Z K O
K R N O N C W X S L Č M H M
Y A A V J D D V Z N I E U R
J N M I E Đ G P U I O F Z S
M J E E P R I R O D A S F A
N E S U N C E T R M Q I T M
F E E Đ T J L D V D P Q Q I
W G J V P P E W O M D C T T
O R I J E N T A C I J A L D
```

ŽIVOTINJE	TEŠKA
ČIZME	PLANINA
KAMPIRANJE	PRIRODA
MAPA	ORIJENTACIJA
KLIMA	PARKOVI
OPASNOSTI	KAMENJE
VODA	PRIPREMA
CLIFF	DIVLJI
UMORAN	SUNCE
VODIČI	SAMIT

53 - Meubles

```
J  R  I  K  K  S  G  D  J  A  I  M  A  B
L  A  M  P  A  T  T  R  A  V  X  T  I  F
Q  B  S  Q  U  O  L  O  S  L  A  D  H  U
O  C  D  T  Č  L  P  V  T  Đ  R  U  A  Đ
W  G  Z  P  U  I  O  R  U  X  M  Š  M  Y
Z  I  L  A  O  C  L  K  K  P  O  E  M  D
S  Z  N  E  B  A  I  D  R  W  I  K  O  W
E  D  I  Z  D  Z  C  F  E  P  R  O  C  R
I  X  D  M  P  A  E  U  V  J  E  M  K  W
T  E  P  I  H  V  L  T  E  T  M  O  L  W
F  V  E  M  E  J  Q  O  T  I  E  D  U  Đ
N  S  S  K  E  E  N  N  Q  P  T  A  P  E
T  P  Y  A  L  S  D  B  R  F  Y  U  A  L
G  X  U  L  R  E  S  L  R  E  G  U  G  V
```

ARMOIRE	HAMMOCK
KLUPA	LAMPA
STO	KREVET
KAUČ	DUŠEK
STOLICA	OGLEDALO
KOMODA	JASTUK
JASTUCI	ZAVJESE
POLICE	TEPIH
FUTON	

54 - Art

```
O  I  N  S  P  I  R  I  S  A  N  S  R  Q
R  S  N  K  O  S  L  I  K  E  Y  I  S  U
I  K  A  E  E  K  E  P  R  E  D  M  E  T
G  U  D  R  Z  R  K  Y  A  N  F  B  M  U
I  L  R  A  I  E  N  L  S  P  W  O  M  A
N  P  E  M  J  N  W  R  P  A  Z  L  B  W
A  T  A  I  A  K  C  C  O  I  S  I  T  W
L  U  L  Č  E  H  A  X  L  R  G  T  U  J
T  R  I  K  X  P  W  E  O  Q  G  Z  A  X
Z  A  Z  I  Z  R  A  Z  Ž  I  G  V  B  V
R  W  A  K  O  M  P  L  E  K  S  S  C  V
C  E  M  W  M  Đ  H  P  N  N  L  G  S  I
D  V  Đ  X  Y  K  F  I  J  Y  E  M  Y  U
Q  Z  F  Đ  V  I  Z  U  E  L  N  I  P  N
```

KERAMIČKI
KOMPLEKS
SASTAV
IZRAZ
ISKREN
RASPOLOŽENJE
INSPIRISAN
ORIGINAL

SLIKE
POEZIJA
SKULPTURA
PREDMET
NADREALIZAM
SIMBOL
VIZUELNI

55 - Nutrition

```
J  S  B  N  K  D  D  B  N  Q  D  D  W  T
B  R  A  P  E  T  I  T  E  Ž  I  N  A  S
P  K  L  S  L  Y  T  K  V  X  B  U  K  O
Z  X  A  Z  T  O  K  S  I  N  Đ  F  A  S
A  R  N  K  D  O  R  K  Q  M  C  B  L  Z
A  D  S  O  F  R  J  E  S  T  I  V  O  D
N  X  R  Z  W  Z  A  C  U  K  U  S  R  R
G  O  R  A  K  M  Z  V  I  Z  N  E  I  A
P  R  O  T  E  I  N  I  C  A  B  H  J  V
K  V  A  L  I  T  E  T  Q  Č  Z  U  E  L
F  E  R  M  E  N  T  A  C  I  J  A  J  J
T  E  Č  N  O  S  T  I  O  N  C  F  Z  E
Q  P  U  E  V  I  T  A  M  I  N  A  G  T
P  R  O  B  A  V  A  D  I  J  E  T  A  L
```

GORAK	TEČNOSTI
APETIT	TEŽINA
KALORIJE	PROTEINI
JESTIVO	KVALITET
DIJETA	ZDRAV
PROBAVA	ZDRAVLJE
ZAČINI	SOS
BALANS	UKUS
FERMENTACIJA	TOKSIN
SASTOJCI	VITAMIN

56 - Science Fiction

```
S B I O S K O P F I E N Z O
V C I E M X Y V U M K G S Z
I I E P L A N E T A S E A I
J L K N J I G E U G P S E Đ
E U E U A O X R R I L A O P
T Z X T T R X O I N O Q L D
D I T O O A I B S A Z M L I
Q J R P M C H O T R I T Y S
K A E I I L P T I N J W V T
K L M J C E T I Č O A A L O
W A E A G A L A K S I J A P
T E H N O L O G I J A C H I
F A N T A S T I Č N O D E J
M I S T E R I O Z N O L T A
```

ATOMIC	IMAGINARNO
BIOSKOP	KNJIGE
DISTOPIJA	SVIJET
EKSPLOZIJA	MISTERIOZNO
EXTREME	ORACLE
FANTASTIČNO	PLANETA
PALI!	ROBOTI
FUTURISTIČKI	SCENARIO
GALAKSIJA	TEHNOLOGIJA
ILUZIJA	UTOPIJA

57 - Professions #1

```
T  M  K  Đ  A  A  S  T  R  O  N  O  M  S
R  U  A  O  U  M  S  T  S  E  H  M  Z  E
E  Z  R  X  Z  K  B  J  R  A  V  X  L  S
N  I  T  I  G  I  K  A  D  V  O  K  A  T
E  Č  O  C  Đ  S  A  R  S  N  H  I  T  R
R  A  G  V  T  X  U  L  E  A  P  G  A  O
U  R  R  D  O  K  T  O  R  U  D  E  R  P
M  N  A  N  K  C  B  V  D  Č  S  O  U  S
J  Đ  F  H  B  O  Q  A  N  N  R  L  R  I
E  X  Z  K  A  D  C  C  J  I  M  O  I  H
T  P  P  S  N  F  Z  M  B  K  O  G  A  O
N  W  G  K  K  U  R  E  D  N  I  K  V  L
I  C  I  V  A  P  I  J  A  N  I  S  T  O
K  B  Đ  W  R  D  A  N  C  E  R  R  Y  G
```

AMBASADOR	TRENER
UMJETNIK	UREDNIK
ASTRONOM	GEOLOG
ADVOKAT	SESTRO.
BANKAR	DOKTOR
ZLATAR	MUZIČAR
KARTOGRAF	PIJANIST
LOVAC	PSIHOLOG
DANCER	NAUČNIK

58 - Géologie

```
K  I  S  E  L  I  N  A  X  T  Z  O  N  U
R  V  F  A  N  P  O  Y  V  Q  X  M  S  V
I  S  A  U  O  S  E  P  H  P  N  O  T  E
S  D  P  R  M  G  S  Ć  D  H  D  J  A  K
T  L  L  C  C  K  T  V  I  X  T  S  L  F
A  S  A  W  I  N  O  O  I  N  Y  L  A  F
L  S  T  V  Q  O  N  I  H  H  A  O  K  M
I  O  E  K  A  G  E  J  Z  I  R  J  T  I
S  T  A  L  A  G  M  I  T  I  A  H  I  N
J  W  U  K  O  N  T  I  N  E  N  T  T  E
S  E  R  P  V  U  L  K  A  N  R  Z  Z  R
I  E  R  O  Z  I  J  A  F  O  S  I  L  A
H  X  V  K  O  R  A  L  O  Q  P  B  B  L
K  A  L  C  I  J  A  L  G  I  Q  I  G  I
```

KISELINA	LAVA
KALCIJ	MINERALI
PEĆINA	STONE
KONTINENT	PLATEAU
KORAL	KVARC
SLOJ	SO
KRISTALI	STALAKTIT
EROZIJA	STALAGMITI
FOSIL	VULKAN
GEJZIR	ZONU

59 - Cirque

```
A  S  P  E  K  T  A  K  U  L  A  R  N  O
Z  C  S  P  E  C  T  A  T  O  R  Đ  D  M
W  V  R  T  Đ  T  U  Z  M  G  C  N  R  A
Ž  I  V  O  T  I  N  J  E  A  U  Đ  B  G
O  S  Q  X  B  G  T  R  I  K  J  S  M  I
N  Š  L  B  P  A  R  A  D  A  J  M  L  J
G  A  A  A  Đ  R  T  Y  Q  Z  Đ  S  U  A
L  T  V  L  T  M  U  Z  I  K  A  J  M  N
E  O  Đ  O  S  K  P  O  K  A  Z  A  T  I
R  R  Q  N  L  L  I  X  O  Z  E  P  F  B
P  Đ  T  I  O  A  K  Š  S  C  X  R  X  D
Y  H  N  D  N  U  X  F  T  B  Đ  Q  A  Y
W  F  N  U  N  N  N  D  I  W  S  Đ  V  B
Y  R  B  P  N  R  D  Q  M  E  K  H  K  Z
```

ACROBAT	MAGIJA
ŽIVOTINJE	POKAZATI
TRIK	MUZIKA
BALONI	PARADA
SLATKIŠ	MAJMUN
KLAUN	SPEKTAKULARNO
KOSTIM	SPECTATOR
SLON	ŠATOR
ŽONGLER	TIGAR
LAV	

60 - Jardin

```
G I Đ Đ X O I Đ R K W C Q R
C R I J E V O G R A D A W A
E F M C K L U P A P G U V K
H T R A V N J A K O R O V E
B A Š T A I T K P N Y Đ L T
G D M Đ Z G J K G D R V O S
A M X M L T G E T E R A S A
R Đ I O O T I O T O X G B B
A M T V P C V O Ć N J A K Y
Ž S C I A V K Z E M L J A B
A U S N T Q T R A V A R Y Z
N J C E A Q N L U Đ P T F L
Đ A Đ I G T R A M P O L I N
Q Đ L V B R D C W T D S W G
```

DRVO	KOROV
KLUPA	LOPATA
GRM	TRAVNJAK
OGRADA	RAKE
POND	ZEMLJA
CVIJET	TERASA
GARAŽA	TRAMPOLIN
HAMMOCK	CRIJEVO
TRAVA	VOĆNJAK
BAŠTA	VINE

61 - Barbecues

```
B  V  E  Č  E  R  A  W  E  J  W  Đ  V  L
S  I  Q  S  S  O  S  A  L  A  T  E  O  E
P  N  B  O  P  Š  U  G  Z  I  F  Z  Ć  T
O  O  V  E  A  T  M  U  Z  I  K  A  E  O
V  Ž  R  A  R  I  J  A  K  G  X  L  G  A
R  E  U  O  A  L  U  K  P  R  T  O  L  S
Ć  V  Ć  A  D  J  R  R  W  E  M  A  A  K
E  I  E  X  A  I  S  R  U  Č  A  K  D  Z
V  G  O  H  J  L  C  O  N  R  A  G  G  Đ
A  N  R  R  Z  K  S  A  N  P  Q  C  T  P
B  G  O  G  Y  J  M  G  J  D  J  E  C  A
V  V  M  R  N  S  Z  H  V  A  D  E  P  O
W  A  A  C  A  W  K  O  K  O  Š  F  Q  F
T  S  F  I  S  B  Z  G  M  A  E  Y  A  K
```

VRUĆE	IGRE
NOŽEVI	POVRĆE
RUČAK	MUZIKA
VEČERA	LUK
DJECA	BIBER
LETO	KOKOŠ
GLAD	SALATE
PORODICA	SOS
VOĆE	SO
ROŠTILJ	PARADAJZ

62 - Anniversaire

```
B  Y  Y  H  W  K  G  O  D  I  N  A  P  K
S  R  E  Ć  A  N  O  W  A  C  Q  G  O  K
A  V  F  R  B  Q  V  L  N  J  H  T  Z  J
R  Q  I  Z  I  F  M  P  A  M  P  V  I  V
C  W  L  J  O  J  Z  R  W  Č  A  G  V  E
O  L  Q  D  E  L  E  I  N  H  K  Z  N  H
P  G  M  N  Y  Ć  P  J  E  S  M  A  I  M
Z  A  B  A  V  A  E  A  P  U  U  P  C  L
K  A  R  T  I  C  E  T  V  H  D  O  E  A
V  R  I  J  E  M  E  E  L  E  R  K  W  D
E  S  V  V  V  I  Z  L  M  R  O  L  V  U
N  W  R  Đ  E  N  J  A  H  S  O  B  N
P  O  S  E  B  A  N  I  I  L  T  N  M  F
R  J  K  A  L  E  N  D  A  R  O  N  A  B
```

PRIJATELJI	SREĆAN
ZABAVA	POZIVNICE
GODINA	MLAD
SVIJEĆE	DAN
POKLON	ROĐEN
KALENDAR	MUDROST
KARTICE	POSEBAN
PJESMA	VRIJEME
KOLAČ	

63 - Animaux de Compagnie

```
I  P  A  P  A  G  A  J  Š  D  V  X  K  H
M  Y  Đ  U  K  O  R  N  J  A  Č  A  O  R
K  A  N  D  Ž  E  G  I  B  T  P  Y  Z  A
Z  E  C  R  E  P  L  X  M  S  F  E  A  N
V  O  D  A  X  F  J  P  A  S  R  Q  T  A
A  W  V  N  W  I  C  M  Č  P  H  N  M  R
R  W  T  W  Y  Z  Z  I  K  K  R  A  V  A
I  K  X  R  P  T  V  Š  A  Z  Č  G  F  Q
B  W  V  Đ  G  M  P  I  I  G  A  V  I  V
A  F  T  Z  U  W  A  C  P  H  K  E  D  W
J  C  E  N  Š  R  E  Č  B  H  X  F  F  G
V  V  X  Š  T  E  N  E  E  N  S  X  S  F
Z  F  H  P  E  V  E  T  E  R  I  N  A  R
C  Q  J  B  R  B  D  R  K  Y  W  B  A  F
```

MAČKA	HRANA
MAČE	ŠAPE
KOZA	PAPAGAJ
PAS	RIBA
ŠTENE	REP
VODA	MIŠ
KANDŽE	KORNJAČA
HRČAK	KRAVA
ZEC	VETERINAR
GUŠTER	

64 - Forêt Tropicale

```
K  S  P  H  O  S  J  J  C  P  U  J  J  Y
I  L  R  F  Č  S  O  V  L  P  T  S  C  Z
N  N  I  B  U  S  B  R  U  R  O  I  J  A
S  E  R  M  V  M  O  S  S  A  Č  L  C  J
E  U  O  U  A  Z  L  T  A  Z  I  T  V  E
K  H  D  U  N  C  Y  A  L  N  Š  O  O  D
T  N  A  K  J  G  J  Q  D  O  T  Q  D  N
I  T  U  I  E  B  B  W  R  L  E  Đ  O  I
R  E  S  T  A  U  R  A  C  I  J  A  Z  C
V  R  I  J  E  D  N  O  Đ  K  C  F  E  A
O  B  L  A  C  I  R  Y  S  O  D  H  M  C
B  O  T  A  N  I  Č  K  I  S  S  Y  C  J
S  I  S  A  R  I  C  X  U  T  J  F  I  W
A  G  V  Q  A  U  T  O  H  T  O  N  I  W
```

VODOZEMCI
BOTANIČKI
KLIMA
ZAJEDNICA
RAZNOLIKOST
VRSTA
AUTOHTONI
INSEKTI
SISARI

MOSS
PRIRODA
OBLACI
PTICE
VRIJEDNO
OČUVANJE
UTOČIŠTE
RESTAURACIJA

65 - Insectes

```
B H T K S X L K O M A R A C
U W E R K L O U S W Q U U R
B N R B Z W C F K G N A T V
A Z M B F B U B A Š V A B A
D S I D K U S U K N V D J Y
F R T Z N H T Y A Z T L A C
S U A X V A V O V L H A L I
Q Q E G D M R Y A A M R A C
N Z K Q O Z M N C D M V P A
W A S P U N F U F Y P A H D
M A N T I S F Q M B Č C I A
H V N S Y Y L L M U E P D X
L E P T I R D H Y G L T V J
R S T R Š L J E N A A A R M
```

PČELA	MANTIS
BUBAŠVABA	GNAT
CICADA	KOMARAC
LADYBUG	LEPTIR
LOCUST	BUHA
ANT	APHID
STRŠLJEN	SKAKAVAC
WASP	BUBA
LARVA	TERMIT
DRAGONFLY	CRV

66 - Ferme #1

```
P O L J E N R R Đ M Y S A O
Č O M N E V C C U N E C V G
E V L K Q O M M V A V N S R
L R K J T D Y E T E L E Q A
A A R P O A I M D Z K L Z D
R N A T A P V F T C G P H A
G A V K S S R Đ U B R I V O
J L A O I M B I Z O N S W U
Y Z F Z J A T O V M A Č K A
O N K A E G K P N R F K O C
J K N Đ N A O X H S E V N C
P G E X O R K N F W O D J L
R I Ž A C A O D C A P O A C
W C P J K C Š Đ Z U M R B I
```

PČELA
POLJOPRIVREDA
MAGARAC
BIZON
POLJE
MAČKA
KONJ
KOZA
PAS
OGRADA

VRANA
VODA
ĐUBRIVO
SIJENO
MED
KOKOŠ
RIŽA
JATO
KRAVA
TELE

67 - Escalade

```
V O D I Č I U Z Q Z W L S S
S L M Č K A C I G A U Y T Đ
T W R I H F F T G Đ M F R P
R V U Z O B U K A O A T E M
U G K M A H X J U V Y O N A
Č T A E P T Y F O S H W G P
N U V K I F I Z I Č K I T A
J T I Q T Z B U B Đ D O H F
A B C Đ Z N A T I Ž E L J A
K S E P H E D Z P E Ć I N A
V I S I N A T M O S F E R A
Đ S C R O F K P O V R E D A
S T A B I L N O S T I B U P
B O X F L W D T I K Q K P V
```

VISINA   USKO
ATMOSFERA   STRENGTH
POVREDA   OBUKA
ČIZME   RUKAVICE
MAPA   PEĆINA
KACIGA   VODIČI
ZNATIŽELJA   FIZIČKI
IZAZOVI   STABILNOST
STRUČNJAK

68 - École #2

```
O  P  I  S  A  N  J  E  E  U  O  C  N  N
K  B  I  B  L  I  O  T  E  K  A  E  R  A
A  J  R  M  Č  I  T  A  NJ J  E  G  J  U
L  V  X  A  K  T  I  V  N  O  S  T  I  K
E  Đ  D  K  Z  G  R  A  M  A  T  I  K  A
N  C  H  A  C  O  F  V  Z  F  O  Đ  B  H
D  P  H  Z  P  K  V  A  U  T  O  B  U  S
A  R  A  E  K  M  H  A  K  Y  E  C  Č  R
R  Y  A  P  V  U  Č  E  N  J  E  I  I  J
S  R  K  Č  I  G  R  E  J  J  A  P  T  E
P  D  G  D  U  R  G  Y  I  K  E  E  E  Č
K  F  J  R  X  N  N  Q  G  A  P  L  L  N
O  L  O  V  K  A  A  O  E  D  F  E  J  I
K  E  T  L  I  T  E  R  A  T  U  R  A  K
```

AKTIVNOSTI
UČENJE
BIBLIOTEKA
AUTOBUS
KALENDAR
CIPELE
MAKAZE
OLOVKA
RJEČNIK
UČITELJ

PISANJE
OBRAZOVANJE
GRAMATIKA
IGRE
ČITANJE
LITERATURA
KNJIGE
RAČUNAR
PAPIR
NAUKA

69 - Antarctique

```
I M O L Y Đ E N A U Č N I F
P S P X E H K J A E U G D P
O K T E K D S X A V C U G S
L I I R Y O P G L E Č E R I
U T C N A Y E N F R O T X M
O O E R X Ž D O S O Č T H I
T V O D A V I O Đ C U H Z G
O I D L X X C V Y K V E D R
K Y J E K X I B A Y A F X A
A F E B A Y J T B Č N H X C
O B L A C I A L S U J Z K I
O K R U Ž E N J E P E M C J
H S A G E O G R A F I J A A
V Đ M I N E R A L I H X S M
```

BAY	GLEČERI
KITOVI	MIGRACIJA
ISTRAŽIVAČ	MINERALI
OČUVANJE	OBLACI
VODA	PTICE
OKRUŽENJE	POLUOTOK
EKSPEDICIJA	ROCKY
GEOGRAFIJA	NAUČNI
LED	

70 - Professions #2

```
J  H  D  E  T  E  K  T  I  V  F  W  I  Z
F  I  Q  V  V  D  O  K  T  O  R  G  L  U
Z  R  T  C  R  W  B  Q  A  Q  B  E  U  B
B  U  I  S  T  R  A  Ž  I  V  A  Č  S  A
I  R  N  L  L  I  U  V  P  I  L  O  T  R
B  G  Ž  I  A  A  Z  Č  J  H  U  R  R  B
L  F  E  K  R  K  S  U  I  C  O  T  A  I
I  O  N  A  F  X  X  T  M  T  H  W  T  O
O  T  J  R  I  X  W  W  R  I  E  J  O  L
T  O  E  Z  L  Z  O  W  L  O  T  L  R  O
E  G  R  N  O  V  I  N  A  R  N  E  J  G
K  R  M  Q  Z  O  O  L  O  G  D  A  L  O
A  A  Y  T  O  B  N  F  Z  Y  D  W  U  J
R  F  Z  V  F  L  I  N  G  V  I  S  T  T
```

ASTRONAUT	IZUMITELJ
BIBLIOTEKAR	VRTLAR
BIOLOG	NOVINAR
ISTRAŽIVAČ	LINGVIST
HIRURG	DOKTOR
ZUBAR	SLIKAR
DETEKTIV	FILOZOF
UČITELJ	FOTOGRAF
ILUSTRATOR	PILOT
INŽENJER	ZOOLOG

71 - Les Abeilles

```
I  B  V  I  H  M  F  U  L  K  R  K  I  S
K  W  A  X  N  R  O  B  G  O  A  S  C  T
R  O  J  Š  G  S  A  G  S  R  Z  V  Đ  A
V  B  V  Đ  T  J  E  N  B  I  N  W  F  N
H  I  V  E  O  A  X  K  A  S  O  X  S  I
G  C  K  R  I  L  A  R  T  N  L  Đ  U  Š
Q  C  P  A  L  B  B  A  P  O  I  J  N  T
V  V  O  Ć  E  I  L  L  D  O  K  T  C  E
Đ  I  L  K  T  L  O  J  S  E  O  Y  E  H
N  J  E  Q  C  J  S  I  A  V  S  H  X  S
Đ  E  N  T  W  K  S  C  W  W  T  N  I  G
H  Ć  F  S  H  E  O  A  K  O  Y  A  N  X
M  E  D  I  M  E  M  S  W  M  S  R  C  E
E  K  O  S  I  S  T  E  M  D  X  W  C  H
```

KRILA
KORISNO
WAX
RAZNOLIKOST
ROJ
EKOSISTEM
BLOSSOM
CVIJEĆE
VOĆE
DIM

STANIŠTE
INSEKT
BAŠTA
MED
HRANA
BILJKE
POLEN
KRALJICA
HIVE
SUNCE

72 - Dinosaures

```
U R V N V V C A Z Y E F W X
B A R Z E M L J A V N W Z M
E P S E L S Z X T F O B F P
S T T Q I M T H Q K R I L A
R O A F Č X O A R Z M L M N
D R T O I U O Ć N D N J A W
X C N S N S O M A A O O M A
W N D I A X Y B N N K J U X
E V O L U C I J A I E E T M
V N C I G M A Z D S V D Y W
O Z Z H J E P V I C I O U S
V E L I K O E D Y G G Z R F
P R A I S T O R I J S K I E
D W J U L T R E P S W I C Q
```

KRILA	OMNIVORE
NESTANAK	PRAISTORIJSKI
VRSTA	MOĆAN
ENORMNO	REP
EVOLUCIJA	RAPTOR
FOSILI	GMAZ
VELIKO	VELIČINA
BILJOJED	ZEMLJA
MAMUT	VICIOUS

73 - Conduite

```
M  Z  S  I  G  U  R  N  O  S  T  U  A  A
A  K  A  V  T  A  C  U  B  Đ  T  F  G  Z
P  O  O  C  O  U  S  N  T  R  L  F  H  L
O  Č  B  N  E  S  R  E  Ć  A  Z  V  S  L
L  N  R  T  V  J  M  O  T  O  C  I  K  L
I  I  A  G  O  R  I  V  O  N  C  M  N  M
C  C  Ć  C  R  F  E  K  D  C  E  S  T  A
I  E  A  U  T  O  W  B  N  L  M  J  U  P
J  P  J  E  Š  A  K  D  R  F  O  M  N  A
A  Q  Y  Q  I  Y  O  A  P  U  T  H  E  I
O  P  A  S  N  O  S  T  M  W  O  D  L  E
T  R  A  N  S  P  O  R  T  I  R  K  Đ  P
G  A  R  A  Ž  A  J  I  C  Y  O  O  W  M
N  X  R  Z  P  I  M  L  I  C  E  N  C  A
```

NESREĆA	MOTOCIKL
KAMION	PJEŠAK
GORIVO	POLICIJA
MAPA	CESTA
OPASNOST	SIGURNOST
KOČNICE	SAOBRAĆAJ
GARAŽA	TRANSPORT
GAS	TUNEL
LICENCA	BRZINA
MOTOR	AUTO

74 - Plantes

```
L B A M B U S W L L J A D M
G L K P K L Đ K K D T K U Y
R L I Š Ć E U B A Š T A M X
O C Q N L M B X S X C K F I
W K A Q A V R C B Q V T C B
I V T M C Q I U Q U D U G O
U W M D W P V A G R M S R T
B D T K J R O H F L O R A A
P R N Q Z T K C B A S O H N
M V Š Š U M A T V T S Y T I
V O I L B E R R Y I U W I K
O L Q U J X V Q E C J O F A
V E G E T A C I J A O E V W
T R A V A H N E X H J R T C
```

DRVO	ŠUMA
BERRY	GROW
BAMBUS	GRAH
BOTANIKA	TRAVA
GRM	BAŠTA
KAKTUS	BRŠLJAN
ĐUBRIVO	MOSS
LIŠĆE	LATICA
CVIJET	ROOT
FLORA	VEGETACIJA

75 - Ferme #2

```
B  X  M  F  V  C  C  P  A  S  T  I  R  F
L  O  Z  L  Ž  O  X  K  O  Š  N  I  C  A
I  U  P  X  I  A  Ć  M  J  V  H  K  N  R
V  D  F  V  V  J  F  E  L  T  R  H  F  M
A  G  D  N  O  Y  E  U  Đ  T  A  Ć  J  E
D  M  R  I  T  X  A  K  F  U  N  Q  E  R
A  N  Đ  K  I  M  B  I  O  J  A  M  Č  T
K  A  N  Y  N  P  Š  E  N  I  C  A  A  R
L  Đ  X  Q  J  K  U  K  U  R  U  Z  M  A
E  N  Q  V  E  O  P  A  T  K  A  K  K  K
G  M  D  O  G  V  J  A  M  B  U  V  Z  T
A  L  K  D  X  C  L  L  A  M  A  H  Z  O
B  A  R  N  C  E  V  O  Ć  N  J  A  K  R
N  A  V  O  D  N  J  A  V  A  N  J  E  N
```

JAMB	LLAMA
FARMER	POVRĆE
ŽIVOTINJE	KUKURUZ
PASTIR	OVCE
PŠENICA	HRANA
PATKA	JEČAM
VOĆE	LIVADA
BARN	KOŠNICA
NAVODNJAVANJE	TRAKTOR
MLIJEKO	VOĆNJAK

76 - École #1

```
B D R L Q H D E R K J M O E
X U U Y Q U F M I A I L D Y
S O Č I R M W A D Z K Đ G E
B W A C O W I R Đ P J Q O J
B R K K V I Z K Z A B A V A
I K O L O V K E M P U V O B
B N L J Q M Z R A I E J R E
L S O U E T I I P R A Y I C
I T V S D V G M E V L P X E
O O K O L Z I K N J I G E D
T L A P R I J A T E L J I A
E I I S P I T I W S K H C L
K C N G V I W U Č I T E L J
A A U Č I O N I C A G O T X
```

ABECEDA	UČITELJ
PRIJATELJI	ISPITI
ZABAVA	KNJIGE
BIBLIOTEKA	MARKERI
STO	BROJEVI
STOLICA	PAPIR
OLOVKA	KVIZ
OLOVKE	ODGOVORI
RUČAK	UČIONICA
MAPE	

77 - Vacances #2

```
I  R  Đ  T  C  H  V  M  N  X  Đ  G  A  J
E  N  C  I  R  I  O  D  A  O  V  Đ  T  K
L  N  Y  J  R  A  Z  O  K  P  L  A  Ž  A
I  S  L  A  N  D  N  S  N  O  A  Q  M  M
W  T  E  P  T  V  N  S  L  I  K  E  O  P
D  R  I  T  A  K  S  I  P  M  B  Q  R  I
P  A  S  O  Š  L  T  H  C  O  T  F  E  R
M  N  U  Z  H  O  T  E  L  O  R  P  Š  A
T  I  R  A  E  R  O  D  R  O  M  T  A  N
Đ  R  E  Z  E  R  V  A  C  I  J  E  T  J
R  E  S  T  O  R  A  N  S  V  G  B  O  E
O  D  R  E  D  I  Š  T  E  I  V  A  R  P
R  Q  Đ  U  R  C  J  G  Y  S  D  Q  Đ  Q
Đ  B  Đ  L  P  U  T  O  V  A  N  J  E  J
```

AERODROM	SLIKE
KAMPIRANJE	PLAŽA
MAPA	RESTORAN
ODREDIŠTE	REZERVACIJE
STRANI	TAKSI
HOTEL	ŠATOR
ISLAND	VOZ
LEISURE	TRANSPORT
MORE	VISA
PASOŠ	PUTOVANJE

78 - Temps

```
B  Đ  S  W  Q  S  Z  G  I  R  P  R  G  B
G  P  X  N  P  A  E  O  B  P  O  V  M  T
C  O  L  P  Y  D  N  D  S  P  D  J  O  M
E  S  D  A  N  A  S  I  M  R  N  S  U  J
N  L  U  I  D  A  N  N  V  I  E  K  S  E
T  I  B  B  Š  D  K  A  U  J  C  J  K  S
U  J  U  Č  E  N  E  C  G  E  D  U  O  E
R  E  D  O  T  G  J  C  Z  V  I  T  R  C
Y  J  U  D  B  Q  G  I  E  Q  J  R  O  Q
V  B  Ć  M  I  N  U  T  A  N  P  O  R  H
D  D  N  A  R  H  O  E  O  M  I  K  Z  M
R  D  O  Y  T  K  D  N  O  Ć  B  J  R  N
J  E  S  A  T  F  K  A  L  E  N  D  A  R
J  U  T  S  O  V  Đ  Q  D  O  A  Đ  A  O
```

GODINA	JUČE
GODIŠNJI	DAN
POSLIJE	SADA
DANAS	JUTRO
PRIJE	PODNE
USKORO	MINUTA
KALENDAR	MJESEC
DECENIJA	NOĆ
BUDUĆNOST	SEDMICU
SAT	CENTURY

79 - Maison

```
K G E T I K V W J O J M M R
U A N P O L R R D G Q E K W
H R M U U J A D M R D T U Š
I A I I K U T J I A E L I K
N Ž E E N Č A G P D A A E V
J A L B T E P I H A S A V I
A C H H H V O K P R O Z O R
B D H A T E J O P V B Z I P
K O G L E D A L O D A A D D
Q S S B X D D A Đ R S V K C
Z O U E A G Z M X P M J R N
K Đ R M E Š R P N I U E O M
P L A F O N T A V A N S V W
Z Y S N W L W A A K P E U S
```

METLA	BAŠTA
SOBA	LAMPA
KAMIN	OGLEDALO
KLJUČEVE	ZID
OGRADA	PLAFON
KUHINJA	VRATA
TUŠ	ZAVJESE
PROZOR	TEPIH
GARAŽA	KROV
TAVAN	

80 - Légumes

```
R  C  I  P  E  R  Š  U  N  W  B  N  I  X
Č  E  Š  N  J  A  K  A  L  M  R  K  V  A
G  L  P  L  W  G  M  P  Y  R  O  A  P  A
V  E  K  A  Š  P  I  N  A  T  K  R  A  M
O  R  S  N  L  E  D  N  C  L  U  T  T  P
L  U  K  B  E  R  F  T  G  T  L  I  L  A
I  Đ  R  S  W  M  R  W  R  E  A  Č  I  R
V  Đ  A  H  G  R  O  D  A  Q  R  O  D  A
E  V  S  A  L  A  T  A  Š  R  B  K  Ž  D
L  Đ  T  L  J  Y  K  I  A  I  M  A  A  A
W  N  A  L  I  O  V  K  K  W  L  V  N  J
B  F  V  O  V  I  I  R  B  V  R  L  I  Z
X  J  A  T  A  H  C  J  Z  L  A  B  T  H
P  P  C  I  C  X  A  X  W  X  J  O  U  N
```

ČEŠNJAK	ŠPINAT
ARTIČOKA	GINGER
PATLIDŽAN	REPA
BROKULA	LUK
MRKVA	OLIVE
CELER	PERŠUN
GLJIVA	GRAŠAK
TIKVA	ROTKVICA
KRASTAVAC	SALATA
SHALLOT	PARADAJZ

81 - Plage

```
Đ  E  B  J  E  D  R  I  L  I  C  A  T  D
Z  S  M  H  Y  Z  J  V  L  G  X  I  U  F
G  D  K  T  K  L  N  D  C  F  C  U  F  Q
S  L  G  K  P  I  V  Đ  F  H  S  Q  S  S
P  D  L  Z  T  P  Š  V  S  W  U  V  G  A
X  T  W  R  K  I  D  O  K  Y  N  A  O  N
F  Š  K  O  L  J  K  E  B  G  C  R  C  D
R  G  R  E  B  E  N  M  O  R  E  U  E  A
O  A  L  T  I  S  L  A  N  D  A  Č  A  L
D  B  K  V  Z  A  A  I  G  Đ  B  N  N  E
M  O  A  B  Q  K  G  H  A  W  D  I  H  D
O  A  W  L  F  N  U  F  Z  Z  W  K  L  R
R  T  M  E  A  C  N  F  S  S  Đ  Q  I  E
N  N  N  R  P  L  A  V  A  Đ  N  G  D  W
```

BOAT	OCEAN
PLAVA	KIŠOBRAN
ŠKOLJKE	GREBEN
OBALA	PIJESAK
RAK	SANDALE
DOK	RUČNIK
ISLAND	SUNCE
LAGUNA	ODMOR
MORE	JEDRILICA

82 - Famille

```
O J D A S N R M B S E M O T
E R M Q T J O J M U E A S A
J P Y J G J Đ Z Q P I J P T
Z R A B Q B A K A R U Č D Đ
U E W H O V K E Y U J I J A
Q D F T E T K A S G A N E S
M A J K A J A Ć S Q K S D U
M K Y O Đ D F C E N A K B P
D J E T I N J E S R W A R R
D I N E Ć A K B T F K C A U
J W J B M Đ A Q R R D A T G
E Q V E C B B M A W I R E A
C Y D M T N E Ć A K I N J A
A Q P A T E R N A L Z F S T
```

PREDAK	SUPRUG
ROĐAK	MAJČINSKA
DJETINJE	MAJKA
DIJETE	NEĆAK
DJECA	NEĆAKINJA
SUPRUGA	UJAK
KĆERKA	PATERNAL
BRATE	OTAC
BAKA	SESTRA
DJED	TETKA

83 - Oiseaux

```
E  L  H  G  K  E  Y  R  J  U  P  H  M  V
J  A  J  E  U  K  M  O  V  R  A  N  A  P
Q  B  O  X  K  S  K  D  C  T  T  O  K  A
P  U  C  G  A  T  K  A  L  O  K  J  A  P
F  D  D  O  V  E  W  A  I  U  A  Q  Z  A
E  P  E  L  I  K  A  N  W  C  D  G  E  G
S  X  Đ  U  C  Y  N  H  Y  A  O  B  Đ  A
V  P  B  B  A  K  X  E  Đ  N  Q  P  N  J
E  K  A  Y  A  Đ  G  R  D  J  T  U  P  H
J  I  S  R  K  O  K  O  Š  E  E  J  A  Y
A  M  K  Y  R  P  I  N  G  V  I  N  U  Đ
C  H  Đ  Đ  X  O  R  A  O  U  Q  H  N  X
I  U  M  A  C  Y  W  G  B  P  L  N  E  I
N  Z  I  H  Y  T  B  L  A  Q  A  L  I  B
```

ORAO	SPARROW
NOJ	GULL
PATKA	JAJE
RODA	GUSKA
DOVE	PAUN
VRANA	PAPAGAJ
KUKAVICA	PELIKAN
LABUD	GOLUB
HERON	KOKOŠ
PINGVIN	TOUCAN

84 - Disciplines Scientifiques

```
F  H  E  M  B  N  Đ  L  M  K  C  B  M  Đ
M  E  K  E  I  P  T  D  K  T  W  I  Z  Q
E  M  O  H  O  K  P  A  Q  L  G  O  R  B
T  I  L  A  L  A  S  R  L  T  I  H  V  F
E  J  O  N  O  G  L  H  K  U  R  E  E  Đ
O  A  G  I  G  E  E  G  B  R  M  K  B
R  Y  I  K  I  S  B  O  T  A  N  I  K  A
O  V  J  A  J  R  N  L  L  Y  Y  J  X  E
L  I  A  Đ  A  Y  K  O  C  O  P  A  L  K
O  L  F  N  D  U  L  G  F  R  G  F  P  B
G  T  E  R  M  O  D  I  N  A  M  I  K  A
I  L  E  H  B  Z  K  J  Z  M  W  Y  J  M
J  O  O  N  N  A  N  A  T  O  M  I  J  A
A  L  I  N  G  V  I  S  T  I  K  A  J  V
```

ANATOMIJA

ARHEOLOGIJA

BIOHEMIJA

BIOLOGIJA

BOTANIKA

HEMIJA

EKOLOGIJA

GEOLOGIJA

LINGVISTIKA

MEHANIKA

METEOROLOGIJA

TERMODINAMIKA

85 - Émotions

```
Q  K  G  O  P  U  Š  T  E  N  C  T  L  F
D  O  S  A  D  A  U  K  Y  J  Q  W  J  O
O  L  A  K  Š  A  N  J  E  E  K  M  U  W
S  T  R  A  H  W  E  B  X  Ž  R  Y  B  V
Z  A  D  O  V  O  L  J  A  N  A  X  A  N
S  A  D  T  Z  O  J  Z  S  O  D  C  V  G
E  I  H  R  W  Q  U  C  G  S  O  V  B  C
M  C  M  V  Ž  D  T  Z  U  T  S  P  E  U
T  N  I  P  A  A  N  V  U  J  T  B  W  Z
U  D  R  V  A  L  J  K  W  Z  M  W  N  R
G  O  O  Z  Q  T  A  U  Z  B  U  Đ  E  N
A  S  S  F  U  S  I  N  U  O  V  I  F  M
W  U  W  A  P  U  P  J  K  U  M  O  G  B
M  T  Z  E  B  P  O  R  A  Y  E  R  X  E
```

LJUBAV   STRAH
LJUTNJA   ZAHVALAN
SADRŽAJ   OLAKŠANJE
OPUŠTEN   ZADOVOLJAN
DOSADA   SIMPATIJA
UZBUĐEN   NJEŽNOST
RADOST   TUGA
MIR

86 - Géographie

```
S  J  E  V  E  R  Q  R  F  T  Y  N  U  H
V  M  G  R  Đ  A  Q  E  Z  E  M  L  J  A
L  I  S  L  A  N  D  G  R  R  K  D  I  Q
A  P  S  T  K  H  V  I  Y  I  L  O  T  T
T  L  U  I  O  U  D  O  Đ  T  J  C  N  Q
I  A  R  L  N  M  O  N  M  O  R  E  C  G
T  N  Đ  V  T  A  A  R  O  R  M  A  K  R
U  I  E  X  I  P  Z  O  Q  I  R  N  Q  A
D  N  Y  E  N  A  O  R  Z  J  B  K  F  D
E  A  C  Q  E  Đ  B  N  L  A  T  L  A  S
X  W  I  G  N  A  P  C  N  V  P  L  T  B
W  E  F  X  T  S  V  I  J  E  T  A  A  J
W  M  E  R  I  D  I  J  A  N  T  O  D  U
F  H  E  M  I  S  F  E  R  A  W  J  X  G
```

VISINA	SVIJET
ATLAS	PLANINA
MAPA	SJEVER
KONTINENT	OCEAN
RIJEKA	ZAPAD
HEMISFERA	ZEMLJA
ISLAND	REGION
LATITUDE	JUG
MORE	TERITORIJA
MERIDIJAN	GRAD

87 - Danse

```
A  P  A  R  T  N  E  R  Z  I  K  G  T  T
K  K  O  I  W  Đ  A  R  M  Z  L  R  R  Z
D  P  A  K  K  U  L  T  U  R  A  A  A  J
W  X  R  D  R  Q  I  E  Z  A  S  C  D  W
U  S  N  O  E  E  V  L  I  Ž  I  E  I  M
K  Đ  B  F  B  M  T  O  K  A  K  M  C  P
W  B  Đ  O  P  A  I  Q  A  J  A  O  I  I
Đ  M  Q  O  U  D  G  J  B  N  B  C  O  A
R  I  T  A  M  K  U  Q  A  O  N  I  N  E
U  M  J  E  T  N  O  S  T  P  W  J  A  I
K  O  R  E  O  G  R  A  F  I  J  A  L  B
X  A  I  J  N  Z  V  I  Z  U  E  L  N  I
E  Z  T  J  Z  S  R  J  D  A  U  I  O  B
K  U  L  T  U  R  N  O  A  L  B  B  H  A
```

AKADEMIJA	GRACE
UMJETNOST	POKRET
KOREOGRAFIJA	MUZIKA
KLASIKA	PARTNER
TELO	PROBA
KULTURA	RITAM
KULTURNO	TRADICIONALNO
IZRAŽAJNO	VIZUELNI
EMOCIJA	

88 - Bâtiments

```
M U Z E J M B O L N I C A Q
Š U B W R F I F A B R I K A
K J Y O J P O Z O R I Š T E
O T Q G M U S D K A B I N A
L T O A F B K M V B M G H H
A B K R B V O L F O O I J C
Y W Y A A V P U V Z R C N A
H J I Ž R N A M B A S A D E
Y L M A N Š J H Đ L I N C X
F I B O K L A O F W S T A N
O P S E R V A T O R I J Q V
S T A D I O N E O H C U I Z
H X K J C H T L G R Q P J V
L A B O R A T O R I J A U O
```

AMBASADE
STAN
KABINA
DVORAC
BIOSKOP
ŠKOLA
GARAŽA
BARN
BOLNICA

HOTEL
LABORATORIJA
MUZEJ
OPSERVATORIJ
STADION
ŠATOR
POZORIŠTE
TORANJ
FABRIKA

89 - Pêche

```
P M H Z Z Đ M R Ž M J F A X
T R P L A Ž A I I G X H S D
O C E A N H M J C Y Č U S Đ
K J F T A Z A E A Y E R Q Z
F J T Đ J K C K G T L M B X
I F E O O E Z A L K J V S B
O P R E M A R Đ D Y U N S P
W E R J K F G I L L S Z S U
Z J E Z E R O K V F T F G J
S F I N B V K U K A J L X W
N B F X H D T E Ž I N A O D
V O D A B S K E T H O J S Y
N A L T A X Q G Q Z P Z E F
S T R P L J E N J E I U A D
```

MAMAC	RIJEKA
BOAT	JEZERO
GILLS	ČELJUST
KUKA	OCEAN
VODA	BSKET
PRETJERIVANJE	STRPLJENJE
OPREMA	PLAŽA
ŽICA	TEŽINA

90 - Activités et Loisirs

```
P U T O V A N J E C S I V R
E Z V P Q L S P E D U Y E W
R O N J E N J E S E R G M S
R O J F B O X M J M F Đ U X
I W N N K A M P I R A N J E
B O K S F U D B A L N G P H
O D O L D M P H J B J O L O
L B Š I Z J B O N T E L I B
O O A K W E E Đ V Y N F V I
V J R A G T J B H I T I A J
I K K D Z N Z Đ D F N Đ N I
S A A N A O B B O R F A J L
Y F O T Z S O T E N I S E K
K W K V R T L A R S T V O I
```

KUPOVINA	PLIVANJE
UMJETNOST	HOBIJI
BEJZBOL	SLIKA
KOŠARKA	RIBOLOV
BOKS	RONJENJE
KAMPIRANJE	SURFANJE
FUDBAL	TENIS
GOLF	ODBOJKA
VRTLARSTVO	PUTOVANJE

91 - Livres

```
N A P I S A N O V G A H B W
H D D I N V E N T I V N O R
F U W U X E P S K I A P W S
N P M E Q U O N Y R N O P S
I Z K O N T E K S T T E M T
V I P M R N M R J K U Z M R
A U T O R A A K O P R I Č A
Y E O Y Q Q N R O M A J I N
Z B I R K A S W A Đ A A T I
D U A L I T E T V C N A C
L W K M H J R S L F O M Č A
H I S T O R I J S K I R C S
U K Z L K N J I Ž E V N O B
K R R B T R A G I Č N O U C
```

AUTOR   INVENTIVNO
AVANTURA   ČITAČ
ZBIRKA   KNJIŽEVNO
KONTEKST   NARATOR
DUALITET   STRANICA
NAPISANO   POEMA
EPSKI   POEZIJA
PRIČA   ROMAN
HISTORIJSKI   SERIJA
HUMORAN   TRAGIČNO

92 - Pays #2

```
I  Z  G  G  T  Y  U  G  A  N  D  A  R  L
W  I  R  S  K  A  Z  M  L  V  A  F  U  I
J  N  J  H  L  R  W  B  B  N  N  R  S  B
S  D  K  M  V  Đ  T  L  A  O  S  A  I  A
I  O  K  E  E  C  B  M  N  G  K  N  J  N
R  N  B  W  N  K  B  Đ  I  T  A  C  A  O
I  E  F  S  S  I  S  H  J  V  T  U  T  N
J  Z  J  O  O  N  J  I  A  K  L  S  V  A
A  I  X  I  M  A  B  A  K  V  Đ  K  N  S
Đ  J  H  J  A  P  A  N  Z  O  R  A  I  N
K  A  F  A  L  K  P  A  K  I  S  T  A  N
M  E  S  Q  I  J  A  M  A  J  K  A  X  J
T  D  V  Q  J  T  S  U  D  A  N  P  M  D
I  U  K  R  A  J  I  N  A  X  I  R  X  K
```

ALBANIJA	LAOS
KINA	LIBANON
DANSKA	MEKSIKO
FRANCUSKA	UGANDA
HAITI	PAKISTAN
INDONEZIJA	RUSIJA
IRSKA	SOMALIJA
JAMAJKA	SUDAN
JAPAN	SIRIJA
KENIJA	UKRAJINA

93 - Fournitures d'Art

```
S  P  N  D  Đ  E  I  P  A  P  I  R  I  O
M  A  S  T  I  L  O  D  A  V  P  X  S  Đ
G  S  K  Q  V  O  D  A  E  S  U  L  J  E
S  B  R  R  O  C  N  S  B  J  T  B  U  H
L  J  E  P  I  L  O  T  R  S  E  E  G  C
E  S  A  K  Đ  L  K  O  I  T  H  V  L  Z
A  X  T  G  H  L  Đ  L  S  O  C  I  I  S
S  Q  I  S  T  Đ  P  I  A  L  G  K  N  G
E  H  V  N  J  U  H  C  Č  L  E  K  A  F
L  F  N  J  X  U  K  A  M  E  R  A  B  R
O  V  O  Č  E  T  K  E  R  N  E  M  O  M
Y  D  S  O  L  O  V  K  E  K  Z  J  J  O
Z  I  T  F  M  I  D  U  M  F  G  I  E  R
X  E  L  K  W  E  Y  Z  B  A  Đ  Z  I  V
```

AKRIL	KREATIVNOST
GLINA	VODA
ČETKE	MASTILO
KAMERA	BRISAČ
STOLICA	ULJE
EASEL	IDEJE
LJEPILO	PAPIR
BOJE	PASTELS
OLOVKE	STOL

94 - Jouets

```
B  L  B  K  C  L  R  G  I  L  I  V  I  V
D  O  G  A  K  U  O  L  T  Z  O  Đ  A  Đ
T  W  J  M  F  T  B  I  V  Q  B  P  U  Z
Q  D  K  I  Z  K  O  N  B  K  I  Z  T  M
G  I  L  O  C  A  T  A  O  Š  C  A  O  A
D  N  F  N  L  E  M  N  J  A  I  N  F  J
B  O  A  T  B  V  O  Z  E  H  K  A  R  L
U  Y  V  V  M  A  Š  T  A  E  L  T  Đ  I
B  E  O  M  I  G  R  E  I  B  Q  I  S  X
N  N  R  B  X  O  N  K  M  F  W  L  S  T
J  L  I  A  B  K  N  J  I  G  E  J  Z  T
E  H  T  Y  C  M  L  B  X  N  S  W  L  R
V  Đ  X  K  M  N  P  V  S  P  S  Đ  A  H
I  Y  S  H  X  Y  B  A  C  K  W  T  Z  G
```

GLINA	MAŠTA
ZANATI	IGRE
AVION	KNJIGE
LOPTA	BOJE
BOAT	LUTKA
KAMION	ROBOT
ZMAJ	BUBNJEVI
BOJICE	VOZ
ŠAH	BICIKL
FAVORIT	AUTO

95 - Eau

```
M  Đ  J  V  K  O  N  A  D  L  A  N  P  J
W  U  P  O  Z  O  R  E  N  J  E  Y  I  N
G  X  O  K  I  Š  A  F  G  C  Z  V  X  A
D  A  P  D  V  H  M  R  R  S  E  P  F  V
O  C  L  E  D  V  O  O  M  I  G  T  N  O
J  Q  A  S  R  T  N  S  R  C  V  J  T  D
T  R  V  N  S  O  S  T  P  M  V  E  S  N
A  U  A  I  A  I  U  W  A  S  C  Z  R  J
L  R  Š  J  D  L  N  E  R  E  A  E  Z  A
A  A  A  E  S  J  T  U  A  Z  T  R  O  V
S  G  Z  G  E  J  Z  I  R  S  A  O  R  A
I  A  Z  G  J  V  L  A  Ž  N  O  S  T  N
J  N  C  V  G  U  E  X  J  I  V  N  Y  J
Q  R  G  V  U  N  X  Q  T  F  S  I  G  E
```

CANAL	NAVODNJAVANJE
TUŠ	JEZERO
UPOZORENJE	MONSUN
RIVER	SNIJEG
FROST	URAGAN
GEJZIR	KIŠA
LED	TALASI
VLAŽNOST	PARA
POPLAVA	

96 - Paysages

```
R  P  O  L  U  O  T  O  K  M  I  L  L  Q
V  I  X  Q  U  A  N  B  P  O  S  C  E  D
U  U  J  G  K  S  Y  E  O  Č  L  E  D  T
L  P  E  E  X  I  P  K  W  V  A  J  E  U
K  M  Z  J  K  S  M  Q  E  A  N  M  N  N
A  S  E  Z  S  A  E  O  B  R  D  O  J  D
N  Y  R  I  Q  N  J  O  R  A  O  N  A  R
H  V  O  R  R  T  Q  I  E  E  L  J  K  A
P  E  S  T  U  A  R  Y  Q  V  I  O  W  R
L  E  W  Q  V  L  C  S  R  J  N  Z  M  I
A  F  Ć  X  Z  E  P  Đ  M  Đ  A  Đ  D  O
Ž  C  F  I  F  D  P  U  S  T  I  N  J  A
A  T  T  R  N  A  V  O  D  O  P  A  D  C
Y  U  Y  P  L  A  N  I  N  A  O  K  I  T
```

VODOPAD	JEZERO
BRDO	MOČVARA
PUSTINJA	MORE
ESTUARY	PLANINA
RIJEKA	OASIS
GEJZIR	POLUOTOK
LEDENJAK	PLAŽA
PEĆINA	TUNDRA
SANTA LEDA	DOLINA
ISLAND	VULKAN

97 - Nombres

```
N  T  G  V  N  J  G  H  W  O  Š  H  D  M
U  R  Q  P  V  L  X  W  C  S  E  D  A  M
L  I  S  Č  E  T  I  R  I  A  S  E  S  D
A  N  O  S  A  M  T  L  C  M  N  V  E  V
U  A  X  E  Y  D  G  R  N  N  A  E  D  A
P  E  T  N  A  E  S  T  I  A  E  T  A  N
E  S  D  R  T  V  U  Š  E  S  T  M  A
T  T  P  V  O  E  R  B  R  S  T  A  N  E
R  N  M  R  A  T  S  R  H  T  S  P  A  S
I  U  X  Đ  N  N  D  V  A  D  E  S  E  T
D  E  C  I  M  A  L  N  I  Q  E  F  S  A
U  K  U  D  Č  E  T  R  N  A  E  S  T  P
W  R  R  D  I  S  F  X  D  Q  B  V  E  Đ
E  B  X  I  Z  T  S  N  N  Z  E  B  J  T
```

PET	ČETRNAEST
DVA	ČETIRI
DECIMALNI	PETNAEST
DESET	ŠESNAEST
OSAMNAEST	SEDAM
DEVETNAEST	ŠEST
SEDAMNAEST	TRINAEST
DVANAEST	TRI
OSAM	DVADESET
DEVET	NULA

98 - Nature

```
M S S E S G Z S L I E Q M D
K K E O V X L J E P O T A I
R L R M E W S Z K L B Z G N
L O E I T P Č E L E S A L A
E N N R I P L A N I N E A M
D I E N Š U E R O Z I J A I
E Š Š O T S R I G B J V I Č
N T U C E T N J Y Đ L V N K
J E M V B I W E V H A A D I
A C A F H N Z K B L R O C R
K D I V L J I A R K T I K I
A S I X H A G T R O P S K I
Ž I V O T I N J E S K A K I
J M S T V K D L I Š Ć E N S
```

PČELE

SKLONIŠTE

ŽIVOTINJE

ARKTIK

LJEPOTA

MAGLA

PUSTINJA

DINAMIČKI

EROZIJA

LIŠĆE

RIJEKA

ŠUMA

LEDENJAK

PLANINE

OBLACI

MIRNO

SVETIŠTE

DIVLJI

SERENE

TROPSKI

99 - Bateaux

```
C M M J I J Z M K I Đ S Đ P
H R B A E L S O A A E P U O
N F Z R A D D R N B J L O O
J L N B I O R E U G O A O M
V F E O V R S I D R O V K O
Q K P L I M A H L Đ O P T T
R I J E K A Đ Đ J I H K R O
J K P O S A D A A E C R A R
E B V C G Z C B H H Y A J N
Z U Ž E K B F C T T V V E P
E O R A G A E Y A O U D K I
R Y Z N A U T I Č K I N T P
O M F Z V U Y J M O R N A R
G D P T F T A L A S I M N Đ
```

SIDRO	MORNAR
BUOY	JARBOL
KANU	MORE
UŽE	MOTOR
POSADA	NAUTIČKI
TRAJEKT	OCEAN
RIJEKA	SPLAV
KAJAK	TALASI
JEZERO	JEDRILICA
PLIMA	JAHTA

100 - Mesures

```
G Z C Q C Đ M D M A S S G K
D K F D K G U U G E S O Đ I
Y U F Y K G O B M C T D B L
Đ U Ž F B Q Q I I E E E G O
S Y V I I L R N N P C R M
Š I R I N A H A U T E I A E
U N C A W A M I T I N M M T
S C K I L O G R A M G A K A
F H B C F B N N P E Đ L H R
V I S I N A A K T T O N A P
A S N T I N D J G A T I R Y
T E Ž I N A Y E T R T O E K
B L G E L B A T X Z R U K L
V O L U M E W T C L I T A R
```

CENTIMETAR	MASS
STEPEN	METER
DECIMALNI	MINUTA
GRAM	BAJT
VISINA	UNCA
KILOGRAM	TEŽINA
KILOMETAR	INCH
ŠIRINA	DUBINA
LITAR	TONA
DUŽINA	VOLUME

1 - Été

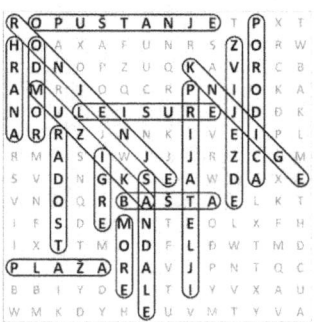

2 - Adjectifs #2

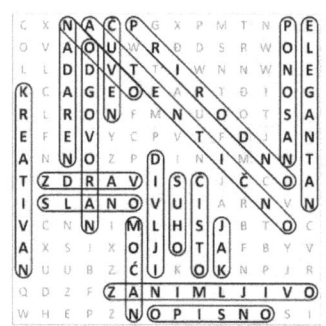

3 - Exploration

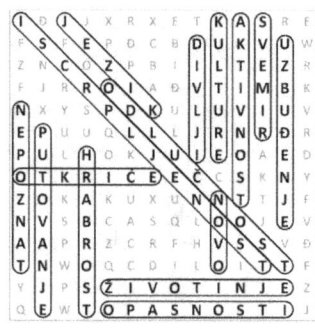

4 - Formes

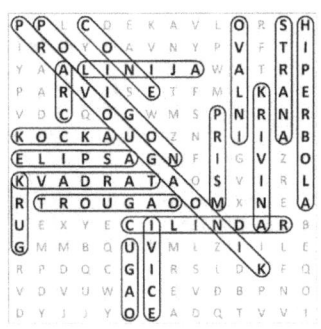

5 - Salle de Bains

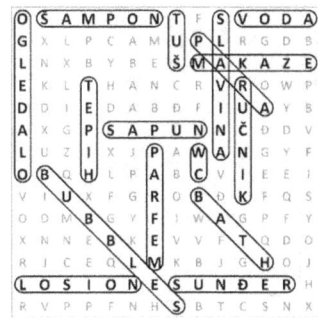

6 - Outils de Cuisine

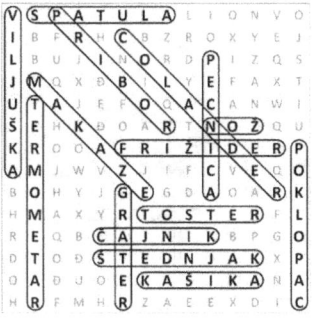

7 - Adjectifs #1

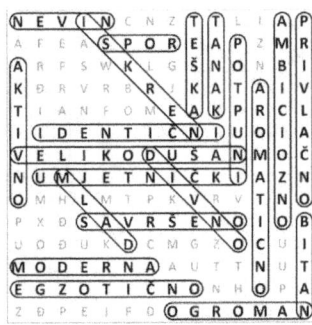

8 - Instruments de Musique

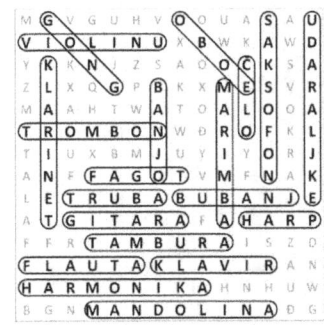

9 - Échecs

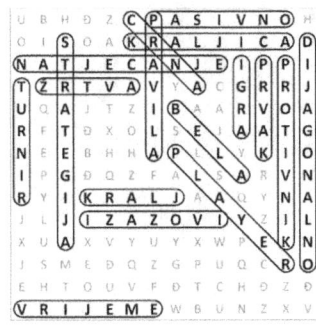

10 - Herboristerie

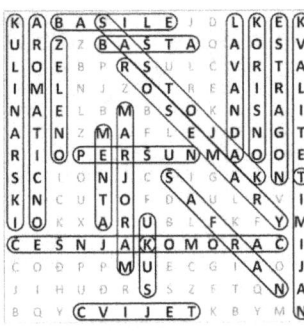

11 - Véhicules

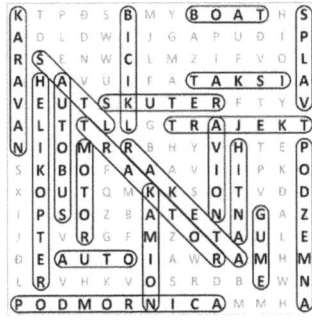

12 - Camping

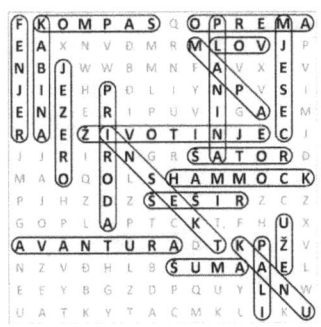

13 - Conservation

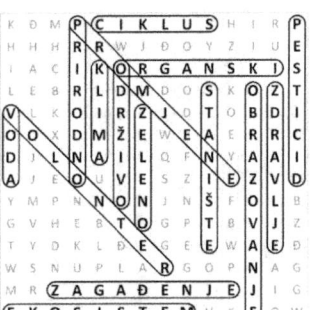

14 - Écologie

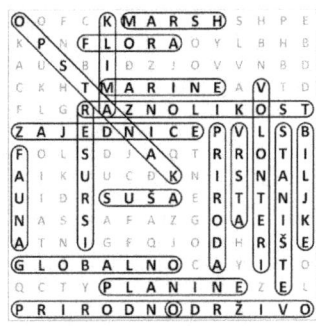

15 - Astronomie

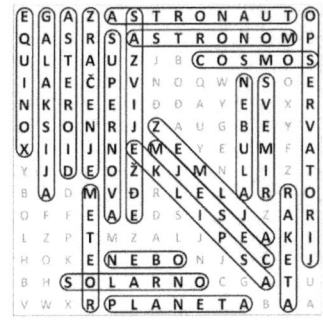

16 - Types de Cheveux

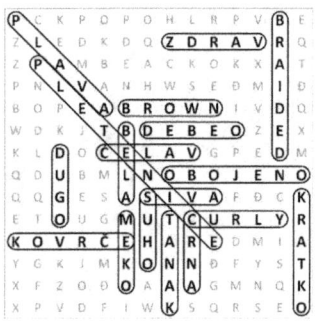

17 - Restaurant #1

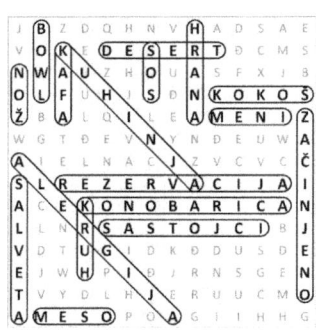

18 - Mammifères

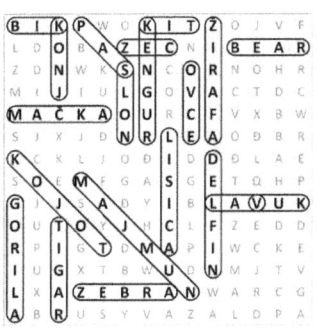

19 - Sports

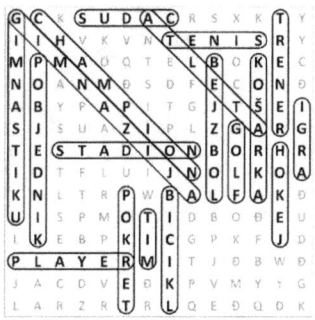

20 - Chocolat

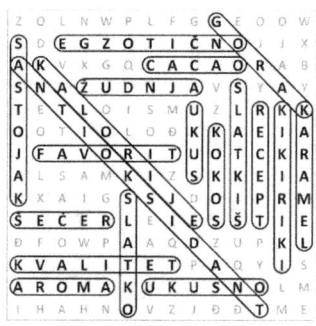

21 - Mathématiques

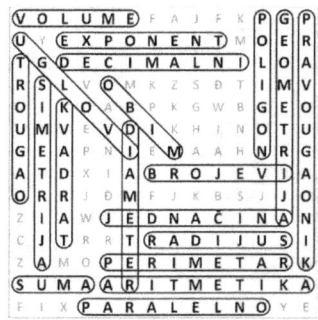

22 - Mythologie

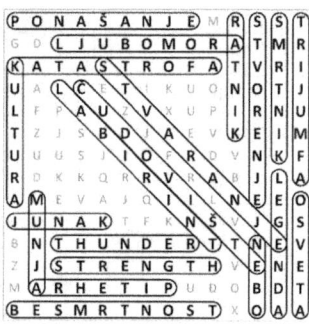

23 - Restaurant #2

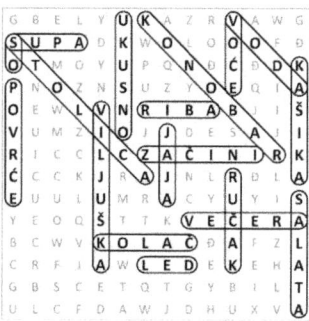

24 - Couleurs

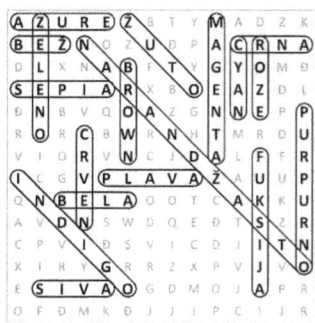

25 - Avions

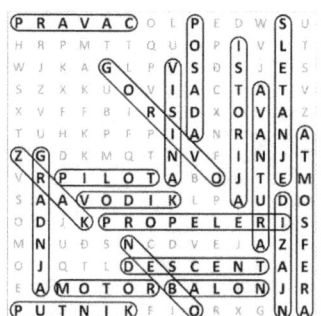

26 - Aventure

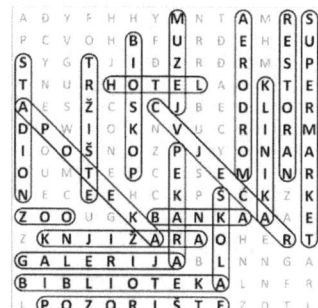

27 - Ville

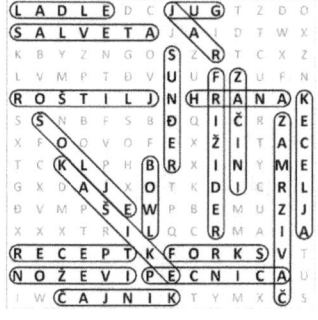

28 - Cuisine

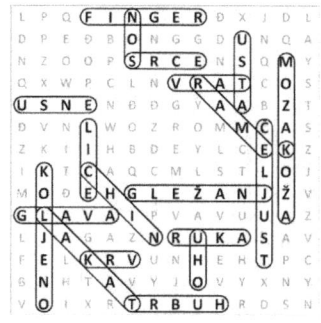

29 - Corps Humain

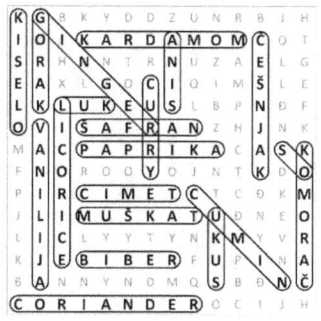

30 - Épices

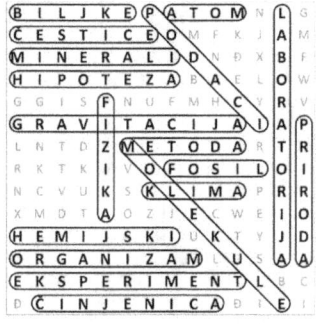

31 - Science

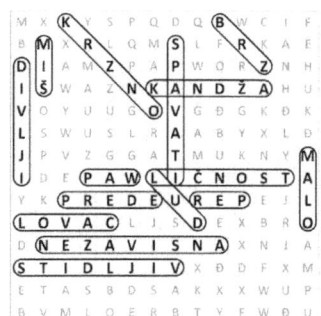

32 - Chats

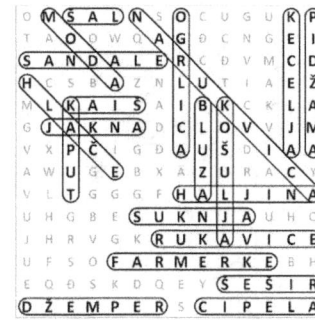

33 - Vêtements

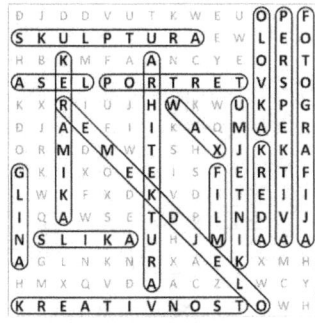

34 - Arts Visuels

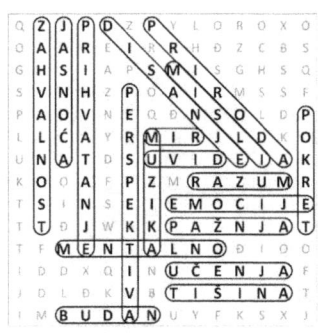

35 - Méditation

36 - Littérature

37 - Nourriture #1

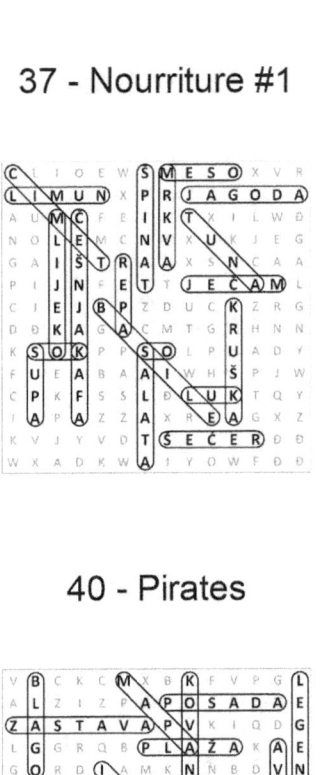

38 - Jours et Mois

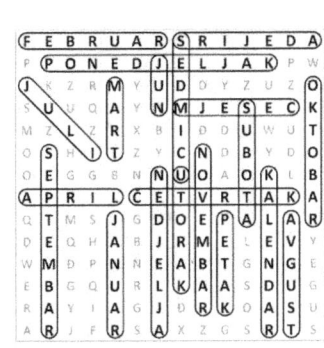

39 - Championnat

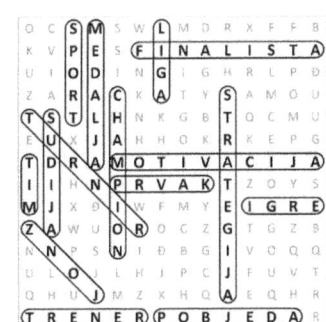

40 - Pirates

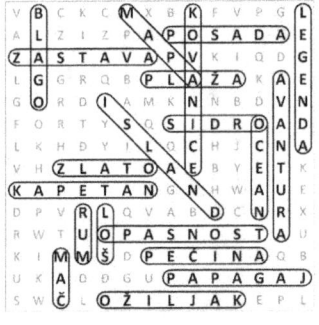

41 - Activités

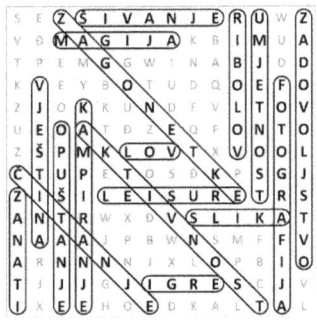

42 - Fleurs

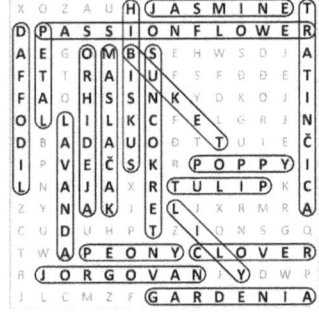

43 - Nourriture #2

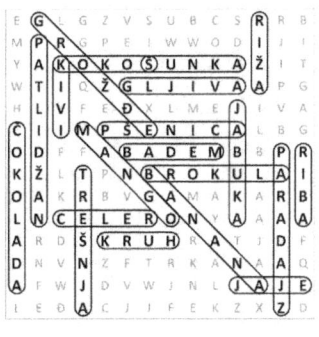

44 - Océan

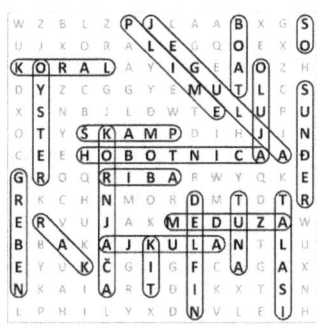

45 - Remplir

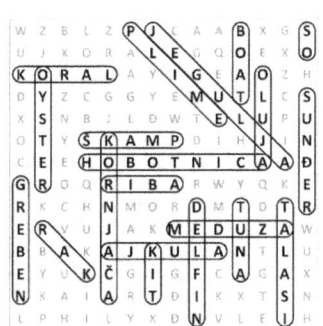

46 - Ballet

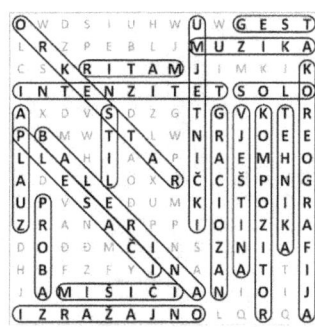

47 - Fruit

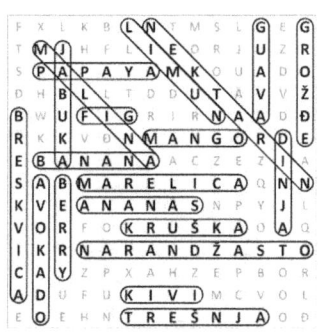

48 - Surf

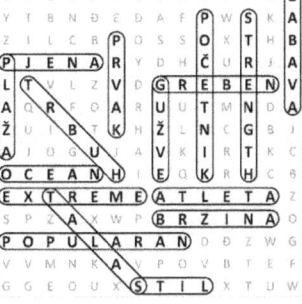

49 - Technologie

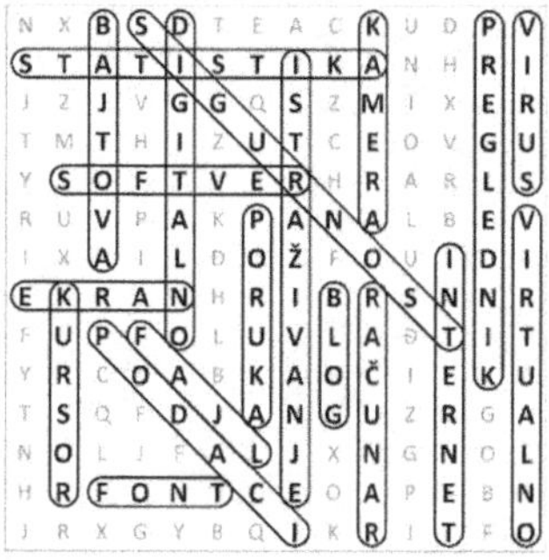

50 - Météo

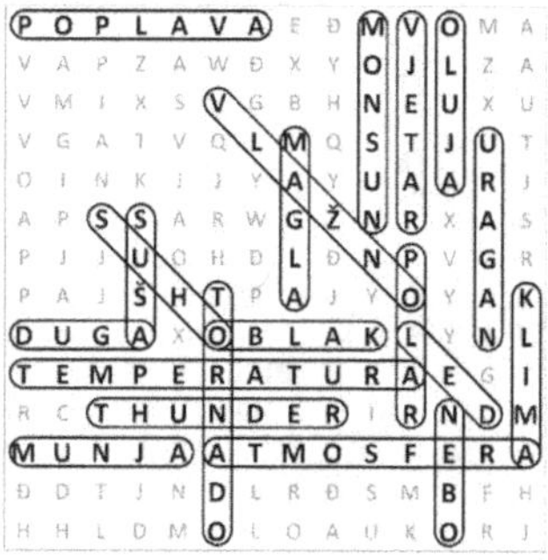

51 - Châteaux

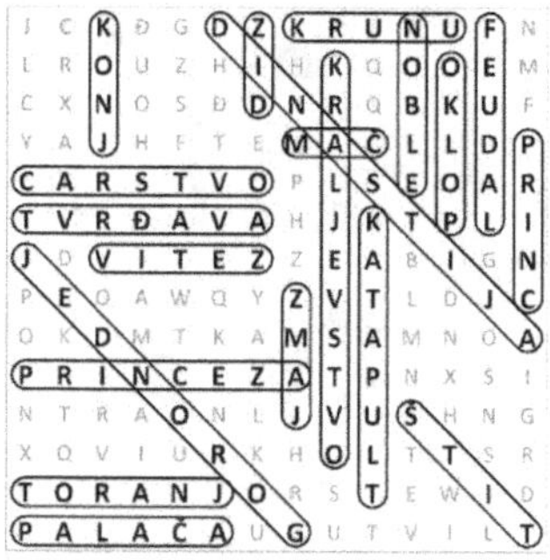

52 - Randonnée

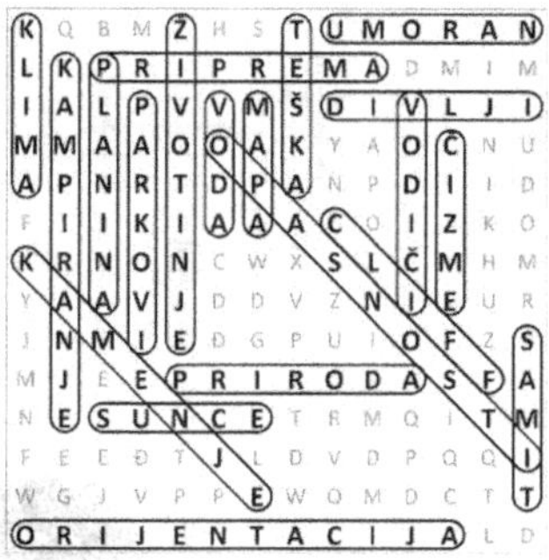

53 - Meubles

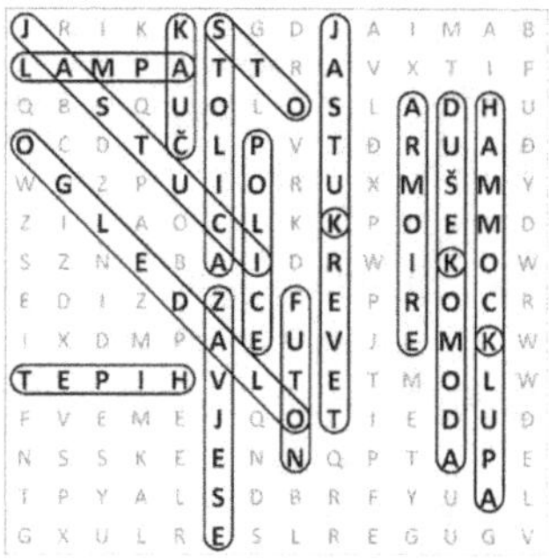

54 - Art

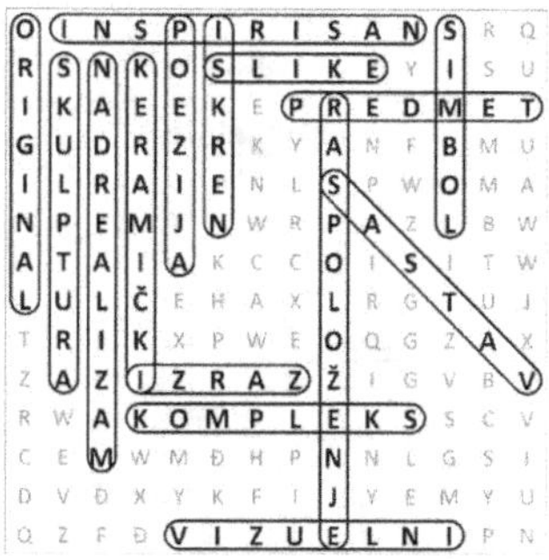

55 - Nutrition

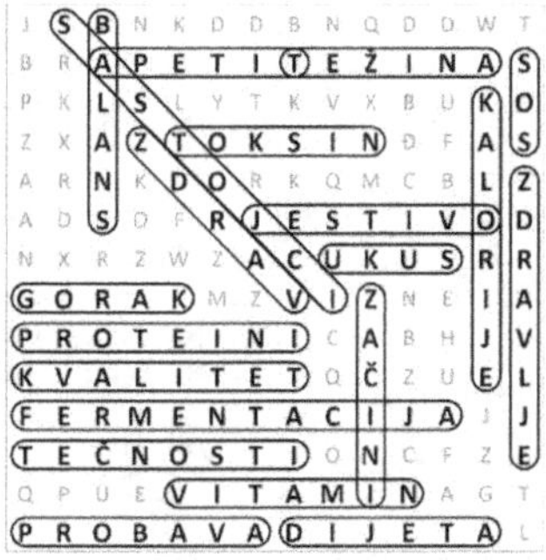

56 - Science Fiction

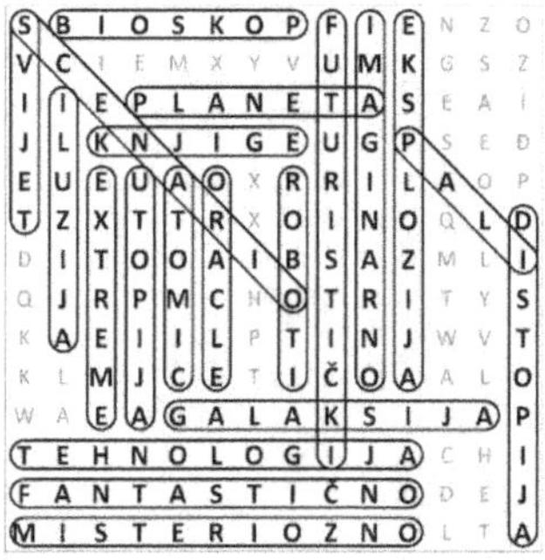

57 - Professions #1

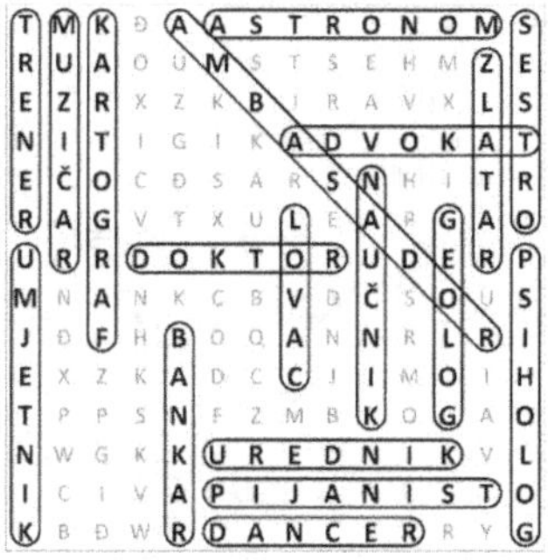

58 - Géologie

59 - Cirque

60 - Jardin

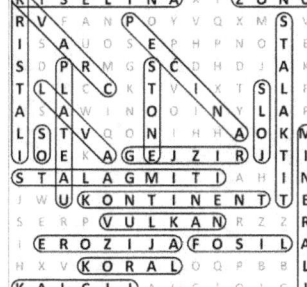

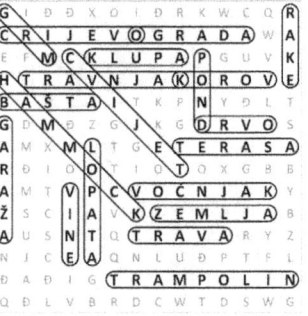

61 - Barbecues

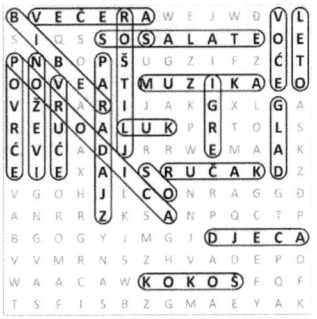

62 - Anniversaire

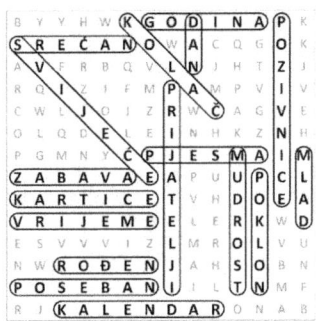

63 - Animaux de Compagnie

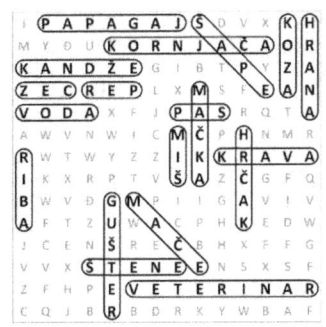

64 - Forêt Tropicale

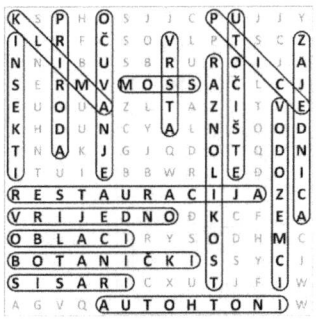

65 - Insectes

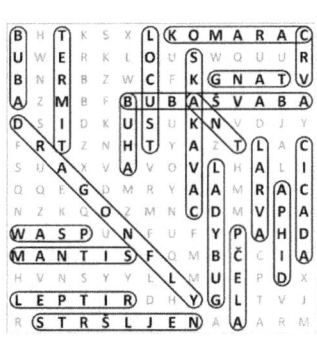

66 - Ferme #1

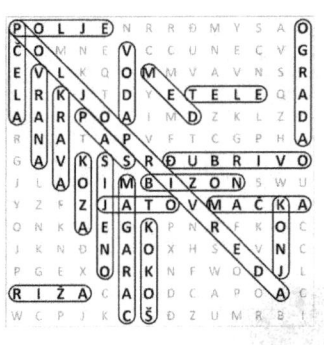

67 - Escalade

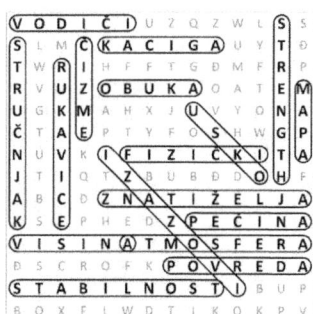

68 - École #2

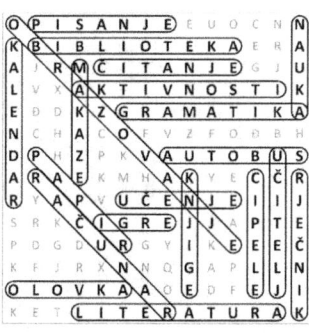

69 - Antarctique

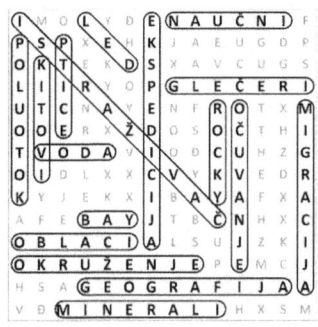

70 - Professions #2

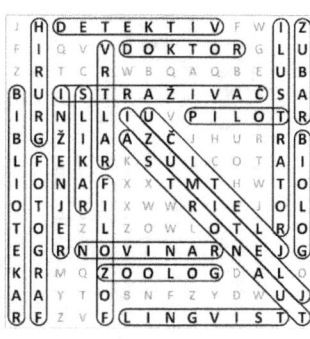

71 - Les Abeilles

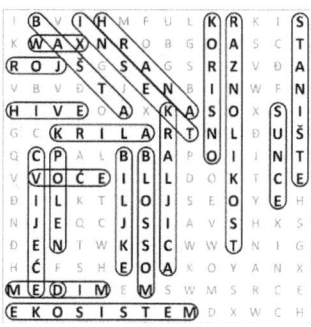

72 - Dinosaures

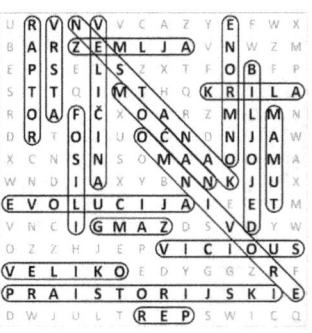

73 - Conduite

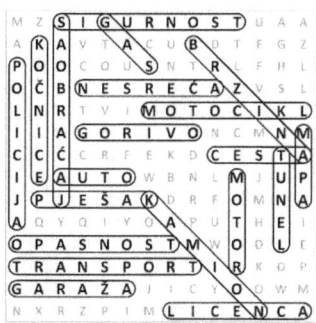

74 - Plantes

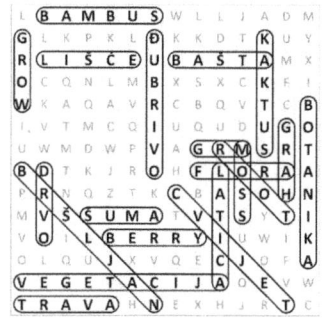

75 - Ferme #2

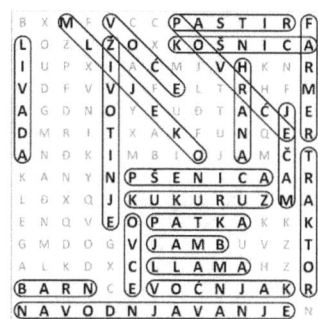

76 - École #1

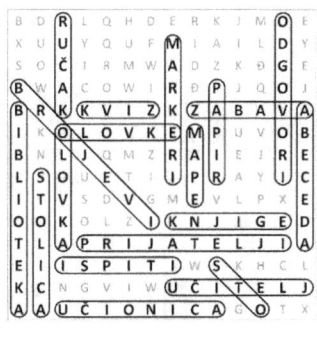

77 - Vacances #2

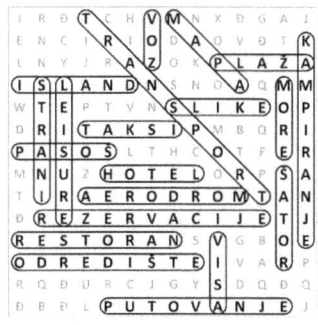

78 - Temps

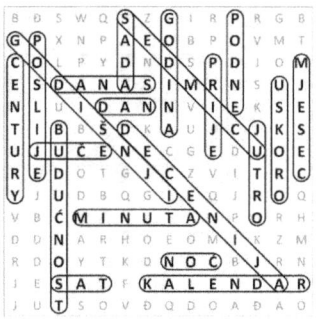

79 - Maison

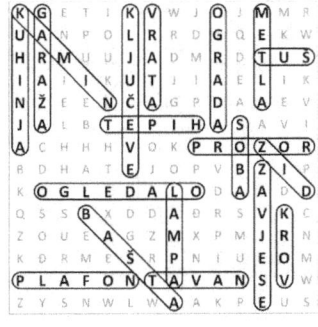

80 - Légumes

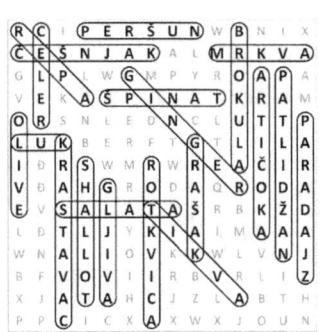

81 - Plage

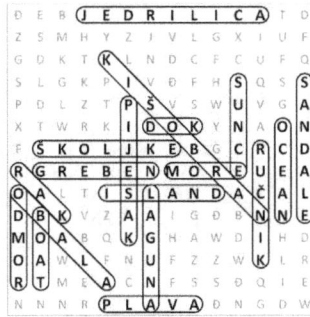

82 - Famille

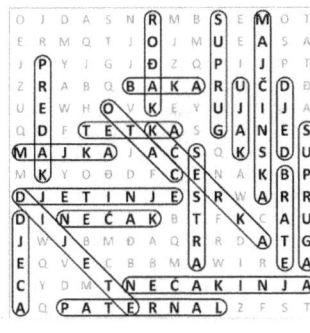

83 - Oiseaux

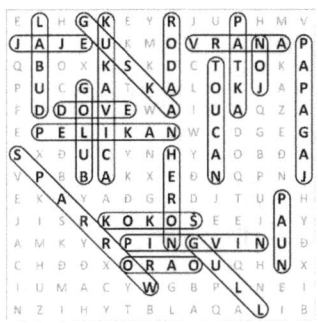

84 - Disciplines Scientifiques

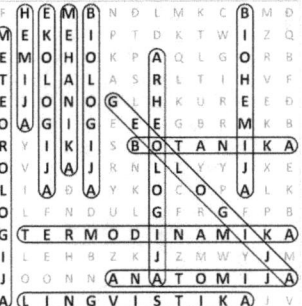

85 - Émotions

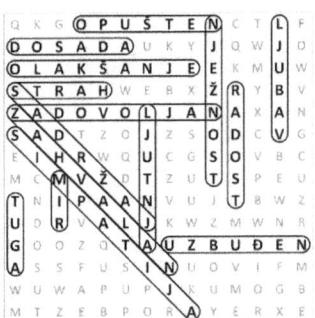

86 - Géographie

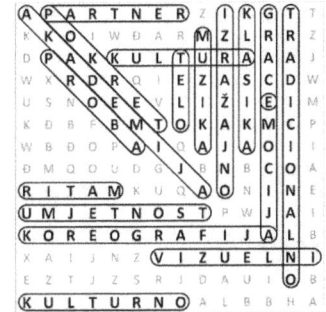

87 - Danse

88 - Bâtiments

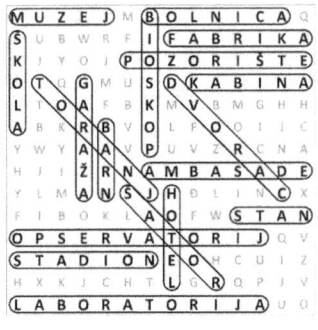

89 - Pêche

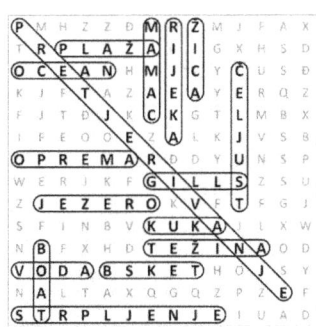

90 - Activités et Loisirs

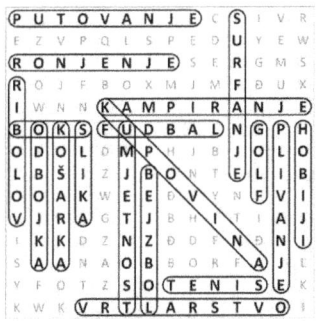

91 - Livres

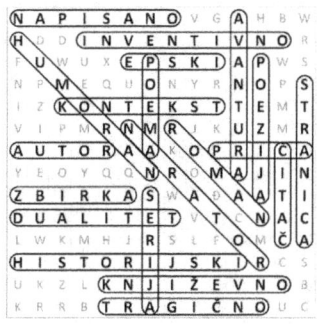

92 - Pays #2

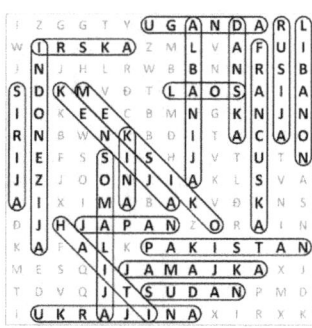

93 - Fournitures d'Art

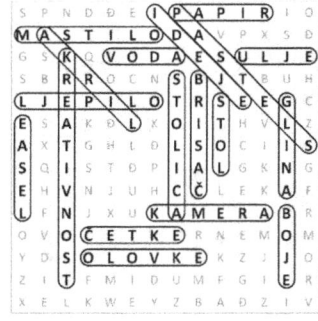

94 - Jouets

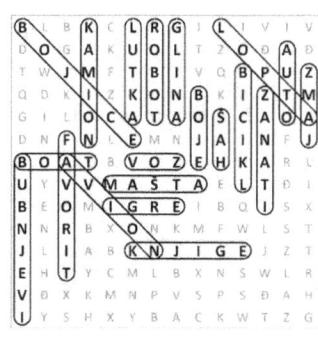

95 - Eau

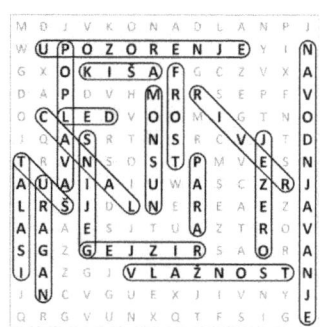

96 - Paysages

97 - Nombres

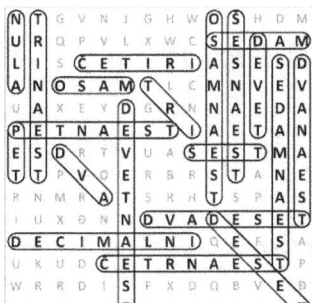

98 - Nature

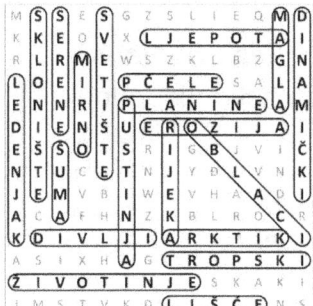

99 - Bateaux

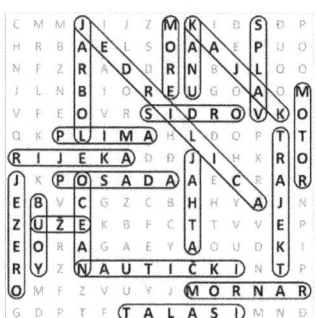

100 - Mesures

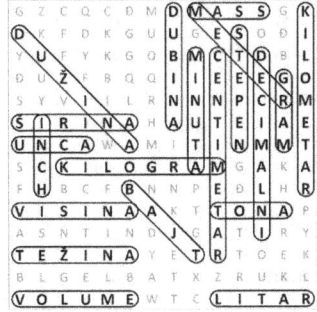

Dictionnaire

Activités
Aktivnosti

Activité	Aktivnost
Art	Umjetnost
Artisanat	Zanati
Camping	Kampiranje
Céramique	Keramika
Chasse	Lov
Compétence	Vještina
Couture	Šivanje
Jardinage	Vrtlarstvo
Jeux	Igre
Lecture	Čitanje
Loisir	Leisure
Magie	Magija
Peinture	Slika
Pêche	Ribolov
Photographie	Fotografija
Plaisir	Zadovoljstvo
Puzzles	Zagonetke
Relaxation	Opuštanje
Tricot	Pletenje

Activités et Loisirs
Aktivnosti i Slobodno Vr

Achats	Kupovina
Art	Umjetnost
Base-Ball	Bejzbol
Basket-Ball	Košarka
Boxe	Boks
Camping	Kampiranje
Football	Fudbal
Golf	Golf
Jardinage	Vrtlarstvo
Nager	Plivanje
Passe-Temps	Hobiji
Peinture	Slika
Pêche	Ribolov
Plongée	Ronjenje
Surf	Surfanje
Tennis	Tenis
Volley-Ball	Odbojka
Voyage	Putovanje

Adjectifs #1
Pridjevi #1

Absolu	Potpuni
Actif	Aktivno
Ambitieux	Ambiciozno
Aromatique	Aromaticno
Artistique	Umjetnički
Attractif	Privlačno
Beau	Divno.
Exotique	Egzotično
Énorme	Ogroman
Généreux	Velikodušan
Honnête	Iskren
Identique	Identični
Important	Bitan
Innocent	Nevin
Jeune	Mlad
Lent	Spor
Lourd	Teška
Mince	Tanak
Moderne	Moderna
Parfait	Savršeno

Adjectifs #2
Pridjevi #2

Authentique	Autentično
Célèbre	Čuven
Créatif	Kreativan
Descriptif	Opisno
Doué	Nadaren
Dramatique	Dramaticno
Élégant	Elegantan
Fier	Ponosan
Fort	Jak
Intéressant	Zanimljivo
Naturel	Prirodno
Nouveau	Novo
Productif	Produktivno
Puissant	Moćan
Pur	Čisto
Responsable	Odgovoran
Sain	Zdrav
Salé	Slano
Sauvage	Divlji
Sec	Suho

Animaux de Compagnie
Kućni Ljubimci

Chat	Mačka
Chaton	Mače
Chèvre	Koza
Chien	Pas
Chiot	Štene
Eau	Voda
Griffes	Kandže
Hamster	Hrčak
Lapin	Zec
Lézard	Gušter
Nourriture	Hrana
Pattes	Šape
Perroquet	Papagaj
Poisson	Riba
Queue	Rep
Souris	Miš
Tortue	Kornjača
Vache	Krava
Vétérinaire	Veterinar

Anniversaire
Rodžendan

Amis	Prijatelji
Amusement	Zabava
Année	Godina
Bougies	Svijeće
Cadeau	Poklon
Calendrier	Kalendar
Cartes	Kartice
Chanson	Pjesma
Fête	Proslava
Gâteau	Kolač
Heureux	Srećan
Invitations	Pozivnice
Jeune	Mlad
Jour	Dan
Né	Rođen
Sagesse	Mudrost
Spécial	Poseban
Temps	Vrijeme

Antarctique
Antarktika

Baie	Bay
Baleines	Kitovi
Chercheur	Istraživač
Conservation	Očuvanje
Continent	Kontinent
Eau	Voda
Environnement	Okruženje
Expédition	Ekspedicija
Géographie	Geografija
Glace	Led
Glaciers	Glečeri
Migration	Migracija
Minéraux	Minerali
Nuage	Oblaci
Oiseaux	Ptice
Péninsule	Poluotok
Rocheux	Rocky
Scientifique	Naučni
Température	Temperatura
Topographie	Topografija

Art
Umjetnost

Céramique	Keramički
Complexe	Kompleks
Composition	Sastav
Expression	Izraz
Honnête	Iskren
Humeur	Raspoloženje
Inspiré	Inspirisan
Original	Original
Peintures	Slike
Poésie	Poezija
Sculpture	Skulptura
Sujet	Predmet
Surréalisme	Nadrealizam
Symbole	Simbol
Visuel	Vizuelni

Arts Visuels
Vizualna Umjetnost

Architecture	Arhitektura
Argile	Glina
Artiste	Umjetnik
Céramique	Keramika
Chef-D'Œuvre	Remek-Djelo
Chevalet	Asel
Cire	Wax
Craie	Kreda
Créativité	Kreativnost
Film	Film
Peinture	Slika
Perspective	Perspektiva
Photographie	Fotografija
Portrait	Portret
Sculpture	Skulptura
Stylo	Olovka

Astronomie
Astronomija

Astéroïde	Asteroid
Astronaute	Astronaut
Astronome	Astronom
Ciel	Nebo
Constellation	Sazviježđe
Cosmos	Cosmos
Éclipse	Eklipsa
Équinoxe	Equinox
Fusée	Raketa
Galaxie	Galaksija
Lune	Mjesec
Météore	Meteor
Nébuleuse	Nebula
Observatoire	Opservatorij
Planète	Planeta
Radiation	Zračenje
Solaire	Solarno
Supernova	Supernova
Terre	Zemlja
Univers	Svemir

Aventure
Avantura

Activité	Aktivnost
Amis	Prijatelji
Beauté	Ljepota
Bravoure	Hrabrost
Chance	Šansa
Dangereux	Opasno
Destination	Odredište
Défis	Izazovi
Difficulté	Teško
Enthousiasme	Entuzijazam
Excursion	Izlet
Inhabituel	Neobično
Itinéraire	Itinerar
Joie	Radost
Nature	Priroda
Navigation	Navigacija
Nouveau	Novo
Opportunité	Prilika
Préparation	Priprema
Sécurité	Sigurnost

Avions
Avioni

Air	Zrak
Atmosphère	Atmosfera
Atterrissage	Sletanje
Aventure	Avantura
Ballon	Balon
Carburant	Gorivo
Ciel	Nebo
Construction	Gradnja
Descente	Descent
Design	Dizajn
Direction	Pravac
Équipage	Posada
Hauteur	Visina
Hélices	Propeleri
Histoire	Istorija
Hydrogène	Vodik
Moteur	Motor
Passager	Putnik
Pilote	Pilot
Turbulence	Turbulencija

Ballet
Balet

Applaudissement	Aplauz
Artistique	Umjetnički
Ballerine	Balerina
Chorégraphie	Koreografija
Compétence	Vještina
Compositeur	Kompozitor
Danseurs	Plesači
Expressif	Izražajno
Geste	Gest
Gracieux	Graciozan
Intensité	Intenzitet
Muscles	Mišići
Musique	Muzika
Orchestre	Orkestar
Répétition	Proba
Rythme	Ritam
Solo	Solo
Style	Stil
Technique	Tehnika

Barbecues
Roštilji

Chaud	Vruće
Couteaux	Noževi
Déjeuner	Ručak
Dîner	Večera
Enfants	Djeca
Été	Leto
Faim	Glad
Famille	Porodica
Fruit	Voće
Gril	Roštilj
Jeux	Igre
Légumes	Povrće
Musique	Muzika
Oignons	Luk
Poivre	Biber
Poulet	Kokoš
Salades	Salate
Sauce	Sos
Sel	So
Tomates	Paradajz

Bateaux
Brodovi

Ancre	Sidro
Bouée	Buoy
Canoë	Kanu
Corde	Uže
Équipage	Posada
Ferry	Trajekt
Fleuve	Rijeka
Kayak	Kajak
Lac	Jezero
Marée	Plima
Marin	Mornar
Mât	Jarbol
Mer	More
Moteur	Motor
Nautique	Nautički
Océan	Ocean
Radeau	Splav
Vagues	Talasi
Voilier	Jedrilica
Yacht	Jahta

Bâtiments
Zgrade

Ambassade	Ambasade
Appartement	Stan
Cabine	Kabina
Château	Dvorac
Cinéma	Bioskop
École	Škola
Garage	Garaža
Grange	Barn
Hôpital	Bolnica
Hôtel	Hotel
Laboratoire	Laboratorija
Musée	Muzej
Observatoire	Opservatorij
Stade	Stadion
Supermarché	Supermarket
Tente	Šator
Théâtre	Pozorište
Tour	Toranj
Université	Univerzitet
Usine	Fabrika

Camping
Kampovanje

Animaux	Životinje
Aventure	Avantura
Boussole	Kompas
Cabine	Kabina
Canoë	Kanu
Carte	Mapa
Chapeau	Šešir
Chasse	Lov
Corde	Uže
Équipement	Oprema
Feu	Pali!
Forêt	Šuma
Hamac	Hammock
Insecte	Insekt
Lac	Jezero
Lanterne	Fenjer
Lune	Mjesec
Montagne	Planina
Nature	Priroda
Tente	Šator

Championnat
Šampionat

Champion	Prvak
Championnat	Champion
Endurance	Izdržljivost
Entraîneur	Trener
Équipe	Tim
Finaliste	Finalista
Jeux	Igre
Juge	Sudija
Ligue	Liga
Médaille	Medalja
Motivation	Motivacija
Sports	Sport
Stratégie	Strategija
Tournoi	Turnir
Transpiration	Znoj
Victoire	Pobjeda

Chats
Mačke

Chasseur	Lovac
Dormir	Spavati
Fil	Prede
Fou	Lud
Fourrure	Krzno
Griffe	Kandža
Indépendant	Nezavisna
Patte	Paw
Personnalité	Ličnost
Peu	Malo
Queue	Rep
Rapide	Brz
Sauvage	Divlji
Souris	Miš
Timide	Stidljiv

Châteaux
Unit-Format

Armure	Oklop
Bouclier	Štit
Catapulte	Katapult
Cheval	Konj
Chevalier	Vitez
Couronne	Krunu
Dragon	Zmaj
Dynastie	Dinastija
Empire	Carstvo
Épée	Mač
Féodal	Feudal
Forteresse	Tvrđava
Licorne	Jednorog
Mur	Zid
Noble	Noble
Palais	Palača
Prince	Princ
Princesse	Princeza
Royaume	Kraljevstvo
Tour	Toranj

Chocolat
Čokolada

Amer	Gorak
Antioxydant	Antioksidant
Arôme	Aroma
Bonbon	Slatkiš
Cacahuètes	Kikiriki
Cacao	Cacao
Calories	Kalorije
Caramel	Karamel
Délicieux	Ukusno
Doux	Slatko
Envie	Žudnja
Exotique	Egzotično
Favori	Favorit
Goût	Ukus
Ingrédient	Sastojak
Noix de Coco	Kokos
Qualité	Kvalitet
Recette	Recept
Sucre	Šećer

Cirque
Cirkus

Acrobate	Acrobat
Animaux	Životinje
Astuce	Trik
Ballons	Baloni
Bonbon	Slatkiš
Clown	Klaun
Costume	Kostim
Éléphant	Slon
Jongleur	Žongler
Lion	Lav
Magie	Magija
Montrer	Pokazati
Musique	Muzika
Parade	Parada
Singe	Majmun
Spectaculaire	Spektakularno
Spectateur	Spectator
Tente	Šator
Tigre	Tigar

Conduite
Vožnja

Accident	Nesreća
Camion	Kamion
Carburant	Gorivo
Carte	Mapa
Danger	Opasnost
Freins	Kočnice
Garage	Garaža
Gaz	Gas
Licence	Licenca
Moteur	Motor
Moto	Motocikl
Piéton	Pješak
Police	Policija
Route	Cesta
Sécurité	Sigurnost
Trafic	Saobraćaj
Transport	Transport
Tunnel	Tunel
Vitesse	Brzina
Voiture	Auto

Conservation
Konzervacija

Bénévole	Volonter
Changements	Promjene
Climat	Klima
Cycle	Ciklus
Durable	Održivo
Eau	Voda
Écosystème	Ekosistem
Éducation	Obrazovanje
Habitat	Stanište
Naturel	Prirodno
Organique	Organski
Pesticide	Pesticid
Pollution	Zagađenje
Santé	Zdravlje
Vert	Zeleno

Corps Humain
Ljudsko Tijelo

Bouche	Usta
Cerveau	Mozak
Cheville	Gležanj
Cou	Vrat
Coude	Lakat
Cœur	Srce
Doigt	Finger
Estomac	Trbuh
Épaule	Rame
Genou	Koljeno
Lèvres	Usne
Main	Ruka
Mâchoire	Čeljust
Menton	Chin
Nez	Nos
Oreille	Uho
Peau	Koža
Sang	Krv
Tête	Glava
Visage	Lice

Couleurs
Boje

Azur	Azure
Beige	Bež
Blanc	Bela
Bleu	Plava
Cyan	Cyan
Fuchsia	Fuksija
Gris	Siva
Indigo	Indigo
Jaune	Žuto
Magenta	Magenta
Marron	Brown
Noir	Crna
Orange	Narandžasto
Rose	Roze
Rouge	Crven
Sépia	Sepia
Vert	Zeleno
Violet	Purpurno

Cuisine
Kuhinja

Bol	Bowl
Bouilloire	Čajnik
Congélateur	Zamrzivač
Couteaux	Noževi
Cruche	Jug
Cuillères	Kašike
Épices	Začini
Éponge	Sunđer
Four	Pecnica
Fourchettes	Forks
Gril	Roštilj
Louche	Ladle
Nourriture	Hrana
Pot	Jar
Recette	Recept
Réfrigérateur	Frižider
Serviette	Salveta
Tablier	Kecelja
Tasses	Šolje

Danse
Ples

Académie	Akademija
Art	Umjetnost
Chorégraphie	Koreografija
Classique	Klasika
Corps	Telo
Culture	Kultura
Culturel	Kulturno
Expressif	Izražajno
Émotion	Emocija
Grâce	Grace
Mouvement	Pokret
Musique	Muzika
Partenaire	Partner
Répétition	Proba
Rythme	Ritam
Traditionnel	Tradicionalno
Visuel	Vizuelni

Dinosaures
Dinosaurus

Ailes	Krila
Disparition	Nestanak
Espèce	Vrsta
Énorme	Enormno
Évolution	Evolucija
Fossiles	Fosili
Grand	Veliko
Herbivore	Biljojed
Mammouth	Mamut
Omnivore	Omnivore
Préhistorique	Praistorijski
Puissant	Moćan
Queue	Rep
Rapace	Raptor
Reptile	Gmaz
Taille	Veličina
Terre	Zemlja
Vicieux	Vicious

Disciplines Scientifiques
Naučne Discipline

Anatomie	Anatomija
Archéologie	Arheologija
Astronomie	Astronomija
Biochimie	Biohemija
Biologie	Biologija
Botanique	Botanika
Chimie	Hemija
Écologie	Ekologija
Géologie	Geologija
Immunologie	Imunologija
Linguistique	Lingvistika
Mécanique	Mehanika
Météorologie	Meteorologija
Minéralogie	Mineralogija
Neurologie	Neurologija
Physiologie	Fiziologija
Psychologie	Psihologija
Sociologie	Sociologija
Thermodynamique	Termodinamika
Zoologie	Zoologija

Eau
Voda.

Canal	Canal
Douche	Tuš
Évaporation	Upozorenje
Fleuve	River
Gel	Frost
Geyser	Gejzir
Glace	Led
Humidité	Vlažnost
Inondation	Poplava
Irrigation	Navodnjavanje
Lac	Jezero
Mousson	Monsun
Neige	Snijeg
Ouragan	Uragan
Pluie	Kiša
Vagues	Talasi
Vapeur	Para

Escalade
Penjanje

Altitude	Visina
Atmosphère	Atmosfera
Blessure	Povreda
Bottes	Čizme
Carte	Mapa
Casque	Kaciga
Curiosité	Znatiželja
Défis	Izazovi
Expert	Stručnjak
Étroit	Usko
Force	Strength
Formation	Obuka
Gants	Rukavice
Grotte	Pećina
Guides	Vodiči
Physique	Fizički
Stabilité	Stabilnost

Exploration
Istraživanje

Activité	Aktivnost
Animaux	Životinje
Courage	Hrabrost
Cultures	Kulture
Dangers	Opasnosti
Découverte	Otkriće
Détermination	Odlučnost
Espace	Svemir
Excitation	Uzbuđenje
Épuisement	Iscrpljenost
Inconnu	Nepoznat
Langue	Jezik
Nouveau	Novo
Sauvage	Divlji
Voyage	Putovanje

Échecs
Šah

Adversaire	Protivnik
Blanc	Bela
Champion	Prvak
Concours	Natjecanje
Défis	Izazovi
Diagonal	Dijagonalno
Jeu	Igra
Joueur	Player
Noir	Crna
Passif	Pasivno
Reine	Kraljica
Règles	Pravila
Roi	Kralj
Sacrifice	Žrtva
Stratégie	Strategija
Temps	Vrijeme
Tournoi	Turnir

École #1
Škola Broj 1

Alphabet	Abeceda
Amis	Prijatelji
Amusement	Zabava
Bibliothèque	Biblioteka
Bureau	Sto
Chaise	Stolica
Crayon	Olovka
Des Stylos	Olovke
Déjeuner	Ručak
Dossiers	Mape
Enseignant	Učitelj
Examens	Ispiti
Livres	Knjige
Marqueurs	Markeri
Nombres	Brojevi
Papier	Papir
Quiz	Kviz
Réponses	Odgovori
Salle de Classe	Učionica

École #2
Škola Broj 2

Activités	Aktivnosti
Apprentissage	Učenje
Bibliothèque	Biblioteka
Bus	Autobus
Calendrier	Kalendar
Chaussures	Cipele
Ciseaux	Makaze
Crayon	Olovka
Dictionnaire	Rječnik
Enseignant	Učitelj
Écriture	Pisanje
Éducation	Obrazovanje
Grammaire	Gramatika
Jeux	Igre
Lecture	Čitanje
Littérature	Literatura
Livres	Knjige
Ordinateur	Računar
Papier	Papir
Science	Nauka

Écologie
Ekologija

Bénévoles	Volonteri
Climat	Klima
Communautés	Zajednice
Diversité	Raznolikost
Durable	Održivo
Espèce	Vrsta
Faune	Fauna
Flore	Flora
Global	Globalno
Habitat	Stanište
Marais	Marsh
Marin	Marine
Montagnes	Planine
Nature	Priroda
Naturel	Prirodno
Plantes	Biljke
Ressources	Resursi
Sécheresse	Suša
Survie	Opstanak
Végétation	Vegetacija

Émotions
Emocije.

Amour	Ljubav
Colère	Ljutnja
Contenu	Sadržaj
Détendu	Opušten
Ennui	Dosada
Excité	Uzbuđen
Joie	Radost
Paix	Mir
Peur	Strah
Reconnaissant	Zahvalan
Relief	Olakšanje
Satisfait	Zadovoljan
Sympathie	Simpatija
Tendresse	Nj:žnost
Tristesse	Tuga

Épices
Unit-Format

Aigre	Kiselo
Ail	Češnjak
Amer	Gorak
Anis	Anis
Cannelle	Cimet
Cardamome	Kardamom
Coriandre	Coriander
Cumin	Cumin
Curry	Curry
Fenouil	Komorač
Gingembre	Ginger
Muscade	Muškat
Oignon	Luk
Paprika	Paprika
Poivre	Biber
Réglisse	Licorice
Safran	Šafran
Saveur	Ukus
Sel	So
Vanille	Vanilija

Été
Ljeto

Amis	Prijatelji
Camping	Kampiranje
Étoiles	Zvijezde
Famille	Porodica
Jardin	Bašta
Jeux	Igre
Joie	Radost
Livres	Knjige
Loisir	Leisure
Mer	More
Musique	Muzika
Nourriture	Hrana
Plage	Plaža
Plongée	Ronjenje
Relaxation	Opuštanje
Sandales	Sandale
Vacances	Odmor
Voyage	Putovanje

Famille
Porodično Ime

Ancêtre	Predak
Cousin	Rođak
Enfance	Djetinje
Enfant	Dijete
Enfants	Djeca
Femme	Supruga
Fille	Kćerka
Frère	Brate
Grand-Mère	Baka
Grand-Père	Djed
Mari	Suprug
Maternel	Majčinska
Mère	Majka
Neveu	Nećak
Nièce	Nećakinja
Oncle	Ujak
Paternel	Paternal
Père	Otac
Soeur	Sestra
Tante	Tetka

Ferme #1
Farma # 1

Abeille	Pčela
Agriculture	Poljoprivreda
Âne	Magarac
Bison	Bizon
Champ	Polje
Chat	Mačka
Cheval	Konj
Chèvre	Koza
Chien	Pas
Clôture	Ograda
Corbeau	Vrana
Eau	Voda
Engrais	Đubrivo
Foin	Sijeno
Miel	Med
Poulet	Kokoš
Riz	Riža
Troupeau	Jato
Vache	Krava
Veau	Tele

Ferme #2
Farma #2

Agneau	Jamb
Agriculteur	Farmer
Animaux	Životinje
Berger	Pastir
Blé	Pšenica
Canard	Patka
Fruit	Voće
Grange	Barn
Irrigation	Navodnjavanje
Lait	Mlijeko
Lama	Llama
Légume	Povrće
Maïs	Kukuruz
Mouton	Ovce
Nourriture	Hrana
Orge	Ječam
Pré	Livada
Ruche	Košnica
Tracteur	Traktor
Verger	Voćnjak

Fleurs
Cvijeće

Bouquet	Buket
Gardénia	Gardenia
Hibiscus	Hibiskus
Jasmin	Jasmine
Jonquille	Daffodil
Lavande	Lavanda
Lilas	Jorgovan
Lys	Lily
Magnolia	Magnolija
Marguerite	Tratinčica
Orchidée	Orhideja
Passiflore	Passionflower
Pavot	Poppy
Pétale	Petal
Pissenlit	Maslačak
Pivoine	Peony
Plumeria	Plumeria
Tournesol	Suncokret
Trèfle	Clover
Tulipe	Tulip

Forêt Tropicale
Kišna Šuma

Amphibiens	Vodozemci
Botanique	Botanički
Climat	Klima
Communauté	Zajednica
Diversité	Raznolikost
Espèce	Vrsta
Indigène	Autohtoni
Insectes	Insekti
Jungle	Džungla
Mammifères	Sisari
Mousse	Moss
Nature	Priroda
Nuage	Oblaci
Oiseaux	Ptice
Précieux	Vrijedno
Préservation	Očuvanje
Refuge	Utočište
Restauration	Restauracija
Survie	Opstanak

Formes
Oblici

Arc	Arc
Bords	Ivice
Carré	Kvadrat
Cercle	Krug
Coin	Ugao
Courbe	Krivina
Cône	Cone
Côté	Strana
Cube	Kocka
Cylindre	Cilindar
Ellipse	Elipsa
Hyperbole	Hiperbola
Ligne	Linija
Ovale	Ovalni
Polygone	Poligon
Prisme	Prism
Pyramide	Piramide
Rectangle	Pravougaonik
Triangle	Trougao

Fournitures d'Art
Umjetnički Pribor

Acrylique	Akril
Argile	Glina
Brosses	Četke
Caméra	Kamera
Chaise	Stolica
Chevalet	Easel
Colle	Ljepilo
Couleurs	Boje
Crayons	Olovke
Créativité	Kreativnost
Eau	Voda
Encre	Mastilo
Gomme	Brisač
Huile	Ulje
Idées	Ideje
Papier	Papir
Pastels	Pastels
Table	Stol

Fruit
Voće.

Abricot	Marelica
Ananas	Ananas
Avocat	Avokado
Baie	Berry
Banane	Banana
Cerise	Trešnja
Citron	Limun
Figue	Fig
Framboise	Malina
Goyave	Guava
Kiwi	Kivi
Mangue	Mango
Melon	Dinja
Nectarine	Nektarin
Orange	Narandžasto
Papaye	Papaya
Pêche	Breskvica
Poire	Kruška
Pomme	Jabuka
Raisin	Grožđe

Géographie
Bibliografija

Altitude	Visina
Atlas	Atlas
Carte	Mapa
Continent	Kontinent
Fleuve	Rijeka
Hémisphère	Hemisfera
Île	Island
Latitude	Latitude
Mer	More
Méridien	Meridijan
Monde	Svijet
Montagne	Planina
Nord	Sjever
Océan	Ocean
Ouest	Zapad
Pays	Zemlja
Région	Region
Sud	Jug
Territoire	Teritorija
Ville	Grad

Géologie
Geologija

Acide	Kiselina
Calcium	Kalcij
Caverne	Pećina
Continent	Kontinent
Corail	Koral
Couche	Sloj
Cristaux	Kristali
Érosion	Erozija
Fossile	Fosil
Geyser	Gejzir
Lave	Lava
Minéraux	Minerali
Pierre	Stone
Plateau	Plateau
Quartz	Kvarc
Sel	So
Stalactite	Stalaktit
Stalagmites	Stalagmiti
Volcan	Vulkan
Zone	Zonu

Herboristerie
Herbalizam

Ail	Češnjak
Aromatique	Aromaticno
Basilic	Basile
Bénéfique	Korisno
Culinaire	Kulinarski
Estragon	Estragon
Fenouil	Komorač
Fleur	Cvijet
Ingrédient	Sastojak
Jardin	Bašta
Lavande	Lavanda
Marjolaine	Marjoram
Menthe	Menta
Persil	Peršun
Qualité	Kvalitet
Romarin	Rosemary
Safran	Šafran
Saveur	Ukus
Thym	Timijan
Vert	Zeleno

Insectes
Insekti

Abeille	Pčela
Cafard	Bubašvaba
Cigale	Cicada
Coccinelle	Ladybug
Criquet	Locust
Fourmi	Ant
Frelon	Stršljen
Guêpe	Wasp
Larve	Larva
Libellule	Dragonfly
Mante	Mantis
Moucheron	Gnat
Moustique	Komarac
Papillon	Leptir
Puce	Buha
Puceron	Aphid
Sauterelle	Skakavac
Scarabée	Buba
Termite	Termit
Ver	Crv

Instruments de Musique
Muziäťki Instrumenti

Banjo	Banjo
Basson	Fagot
Clarinette	Klarinet
Flûte	Flauta
Gong	Gong
Guitare	Gitara
Harmonica	Harmonika
Harpe	Harp
Hautbois	Oboe
Mandoline	Mandolina
Marimba	Marimba
Percussion	Udaraljke
Piano	Klavir
Saxophone	Saksofon
Tambour	Bubanj
Tambourin	Tambura
Trombone	Trombon
Trompette	Truba
Violon	Violinu
Violoncelle	Čelo

Jardin
Vrt

Arbre	Drvo
Banc	Klupa
Buisson	Grm
Clôture	Ograda
Étang	Pond
Fleur	Cvijet
Garage	Garaža
Hamac	Hammock
Herbe	Trava
Jardin	Bašta
Mauvaises Herbes	Korov
Pelle	Lopata
Pelouse	Travnjak
Râteau	Rake
Sol	Zemlja
Terrasse	Terasa
Trampoline	Trampolin
Tuyau	Crijevo
Verger	Voćnjak
Vigne	Vine

Jouets
Igračke

Argile	Glina
Artisanat	Zanati
Avion	Avion
Balle	Lopta
Bateau	Boat
Camion	Kamion
Cerf-Volant	Zmaj
Crayons	Bojice
Échecs	Šah
Favori	Favorit
Imagination	Mašta
Jeux	Igre
Livres	Knjige
Peinture	Boje
Poupée	Lutka
Robot	Robot
Tambours	Bubnjevi
Train	Voz
Vélo	Bicikl
Voiture	Auto

Jours et Mois
Dani i Mjeseci

Août	Avgust
Avril	April
Calendrier	Kalendar
Dimanche	Nedjelja
Février	Februar
Janvier	Januar
Jeudi	Četvrtak
Juillet	Juli
Juin	Jun
Lundi	Ponedjeljak
Mardi	Utorak
Mars	Mart
Mercredi	Srijeda
Mois	Mjesec
Novembre	Novembar
Octobre	Oktobar
Samedi	Subota
Semaine	Sedmicu
Septembre	Septembar
Vendredi	Petak

Les Abeilles
Pčele

Ailes	Krila
Bénéfique	Korisno
Cire	Wax
Diversité	Raznolikost
Essaim	Roj
Écosystème	Ekosistem
Fleur	Blossom
Fleurs	Cvijeće
Fruit	Voće
Fumée	Dim
Habitat	Stanište
Insecte	Insekt
Jardin	Bašta
Miel	Med
Nourriture	Hrana
Plantes	Biljke
Pollen	Polen
Reine	Kraljica
Ruche	Hive
Soleil	Sunce

Légumes
Povrće

Ail	Češnjak
Artichaut	Artičoka
Aubergine	Patlidžan
Brocoli	Brokula
Carotte	Mrkva
Céleri	Celer
Champignon	Gljiva
Citrouille	Tikva
Concombre	Krastavac
Échalote	Shallot
Épinard	Špinat
Gingembre	Ginger
Navet	Repa
Oignon	Luk
Olive	Olive
Persil	Peršun
Pois	Grašak
Radis	Rotkvica
Salade	Salata
Tomate	Paradajz

Littérature
Književnost

Analogie	Analogija
Analyse	Analiza
Anecdote	Anegdota
Auteur	Autor
Biographie	Biografija
Comparaison	Poređenje
Conclusion	Zaključak
Description	Opis
Dialogue	Dijalog
Fiction	Fikcija
Métaphore	Metafora
Narrateur	Narator
Poème	Poema
Poétique	Poetika
Rime	Rima
Roman	Roman
Rythme	Ritam
Style	Stil
Thème	Tema
Tragédie	Tragedija

Livres
Knjige

Auteur	Autor
Aventure	Avantura
Collection	Zbirka
Contexte	Kontekst
Dualité	Dualitet
Écrit	Napisano
Épique	Epski
Histoire	Priča
Historique	Historijski
Humoristique	Humoran
Inventif	Inventivno
Lecteur	Čitač
Littéraire	Književno
Narrateur	Narator
Page	Stranica
Poème	Poema
Poésie	Poezija
Roman	Roman
Série	Serija
Tragique	Tragično

Maison
Kuća

Balai	Metla
Bibliothèque	Biblioteka
Chambre	Soba
Cheminée	Kamin
Clés	Ključeve
Clôture	Ograda
Cuisine	Kuhinja
Douche	Tuš
Fenêtre	Prozor
Garage	Garaža
Grenier	Tavan
Jardin	Bašta
Lampe	Lampa
Miroir	Ogledalo
Mur	Zid
Plafond	Plafon
Porte	Vrata
Rideaux	Zavjese
Tapis	Tepih
Toit	Krov

Mammifères
Sisavci

Baleine	Kit
Chat	Mačka
Cheval	Konj
Chien	Pas
Coyote	Kojot
Dauphin	Delfin
Éléphant	Slon
Girafe	Žirafa
Gorille	Gorila
Kangourou	Kengur
Lapin	Zec
Lion	Lav
Loup	Vuk
Mouton	Ovce
Ours	Bear
Renard	Lisica
Singe	Majmun
Taureau	Bik
Tigre	Tigar
Zèbre	Zebra

Mathématiques
Matematiäťki

Angles	Uglovi
Arithmétique	Aritmetika
Carré	Kvadrat
Circonférence	Obim
Décimal	Decimalni
Diamètre	Diameter
Exposant	Exponent
Équation	Jednačina
Géométrie	Geometrija
Nombres	Brojevi
Parallèle	Paralelno
Parallélogramme	Paralelogram
Périmètre	Perimetar
Polygone	Poligon
Rayon	Radijus
Rectangle	Pravougaonik
Somme	Suma
Symétrie	Simetrija
Triangle	Trougao
Volume	Volume

Mesures
Mjerenja

Centimètre	Centimetar
Degré	Stepen
Décimal	Decimalni
Gramme	Gram
Hauteur	Visina
Kilogramme	Kilogram
Kilomètre	Kilometar
Largeur	Širina
Litre	Litar
Longueur	Dužina
Masse	Mass
Mètre	Meter
Minute	Minuta
Octet	Bajt
Once	Unca
Poids	Težina
Pouce	Inch
Profondeur	Dubina
Tonne	Tona
Volume	Volume

Meubles
Namještaj

Armoire	Armoire
Banc	Klupa
Bureau	Sto
Canapé	Kauč
Chaise	Stolica
Commode	Komoda
Coussins	Jastuci
Étagères	Police
Futon	Futon
Hamac	Hammock
Lampe	Lampa
Lit	Krevet
Matelas	Dušek
Miroir	Ogledalo
Oreiller	Jastuk
Rideaux	Zavjese
Tapis	Tepih

Méditation
Meditacija

Acceptation	Prihvatanje
Aperçu	Uvid
Attention	Pažnja
Clarté	Jasnoća
Enseignements	Učenja
Esprit	Razum
Émotions	Emocije
Éveillé	Budan
Gratitude	Zahvalnost
Mental	Mentalno
Mouvement	Pokret
Musique	Muzika
Nature	Priroda
Paix	Mir
Pensées	Misli
Perspective	Perspektiva
Respiration	Disanje
Silence	Tišina

Météo
Vrijeme

Arc-En-Ciel	Duga
Atmosphère	Atmosfera
Brouillard	Magla
Ciel	Nebo
Climat	Klima
Éclair	Munja
Glace	Led
Humide	Vlažno
Inondation	Poplava
Mousson	Monsun
Nuage	Oblak
Ouragan	Uragan
Polaire	Polar
Sec	Suho
Sécheresse	Suša
Température	Temperatura
Tempête	Oluja
Tonnerre	Thunder
Tornade	Tornado
Vent	Vjetar

Mythologie
Mitologija

Archétype	Arhetip
Catastrophe	Katastrofa
Ciel	Nebo
Comportement	Ponašanje
Création	Stvaranje
Créature	Stvorenje
Culture	Kultura
Éclair	Munja
Force	Strength
Guerrier	Ratnik
Héros	Junak
Immortalité	Besmrtnost
Jalousie	Ljubomora
Labyrinthe	Labirint
Légende	Legenda
Monstre	Čudovište
Mortel	Smrtnik
Tonnerre	Thunder
Triomphant	Trijumfa
Vengeance	Osveta

Nature
Priroda

Abeilles	Pčele
Abri	Sklonište
Animaux	Životinje
Arctique	Arktik
Beauté	Ljepota
Brouillard	Magla
Désert	Pustinja
Dynamique	Dinamički
Érosion	Erozija
Feuillage	Lišće
Fleuve	Rijeka
Forêt	Šuma
Glacier	Ledenjak
Montagnes	Planine
Nuage	Oblaci
Paisible	Mirno
Sanctuaire	Svetište
Sauvage	Divlji
Serein	Serene
Tropical	Tropski

Nombres
Brojevi

Cinq	Pet
Deux	Dva
Décimal	Decimalni
Dix	Deset
Dix-Huit	Osamnaest
Dix-Neuf	Devetnaest
Dix-Sept	Sedamnaest
Douze	Dvanaest
Huit	Osam
Neuf	Devet
Quatorze	Četrnaest
Quatre	Četiri
Quinze	Petnaest
Seize	Šesnaest
Sept	Sedam
Six	Šest
Treize	Trinaest
Trois	Tri
Vingt	Dvadeset
Zéro	Nula

Nourriture #1
Hrana # 1

Ail	Češnjak
Basilic	Basile
Café	Kafa
Cannelle	Cimet
Carotte	Mrkva
Citron	Limun
Épinard	Špinat
Fraise	Jagoda
Jus	Sok
Lait	Mlijeko
Navet	Repa
Oignon	Luk
Orge	Ječam
Poire	Kruška
Salade	Salata
Sel	So
Soupe	Supa
Sucre	Šećer
Thon	Tuna
Viande	Meso

Nourriture #2
Hrana # 2

Amande	Badem
Aubergine	Patlidžan
Banane	Banana
Blé	Pšenica
Brocoli	Brokula
Cerise	Trešnja
Céleri	Celer
Champignon	Gljiva
Chocolat	Čokolada
Jambon	Šunka
Kiwi	Kivi
Mangue	Mango
Oeuf	Jaje
Pain	Kruh
Poisson	Riba
Pomme	Jabuka
Poulet	Kokoš
Raisin	Grožđe
Riz	Riža
Tomate	Paradajz

Nutrition
Ishrana

Amer	Gorak
Appétit	Apetit
Calories	Kalorije
Comestible	Jestivo
Diète	Dijeta
Digestion	Probava
Épices	Začini
Équilibré	Balans
Fermentation	Fermentacija
Ingrédients	Sastojci
Liquides	Tečnosti
Poids	Težina
Protéines	Proteini
Qualité	Kvalitet
Sain	Zdrav
Santé	Zdravlje
Sauce	Sos
Saveur	Ukus
Toxine	Toksin
Vitamine	Vitamin

Océan
Ocean.

Anguille	Jegulja
Baleine	Kit
Bateau	Boat
Corail	Koral
Crabe	Rak
Crevette	Škamp
Dauphin	Delfin
Éponge	Sunđer
Huître	Oyster
Marées	Plime
Méduse	Meduza
Poisson	Riba
Poulpe	Hobotnica
Requin	Ajkula
Récif	Greben
Sel	So
Tempête	Oluja
Thon	Tuna
Tortue	Kornjača
Vagues	Talasi

Oiseaux
Ptice

Aigle	Orao
Autruche	Noj
Canard	Patka
Cigogne	Roda
Colombe	Dove
Corbeau	Vrana
Coucou	Kukavica
Cygne	Labud
Héron	Heron
Manchot	Pingvin
Moineau	Sparrow
Mouette	Gull
Oeuf	Jaje
Oie	Guska
Paon	Paun
Perroquet	Papagaj
Pélican	Pelikan
Pigeon	Golub
Poulet	Kokoš
Toucan	Toucan

Outils de Cuisine
Alati za Kuvanje

Bouilloire	Čajnik
Ciseaux	Makaze
Couteau	Nož
Couvercle	Poklopac
Couverts	Pribor
Cuillère	Kašika
Four	Pecnica
Fourchette	Viljuška
Grille-Pain	Toster
Passoire	Colander
Poêle	Štednjak
Râpe	Grater
Réfrigérateur	Frižider
Spatule	Spatula
Thermomètre	Termometar

Pays #2
Zemlje Broj 2

Albanie	Albanija
Chine	Kina
Danemark	Danska
France	Francuska
Haïti	Haiti
Indonésie	Indonezija
Irlande	Irska
Jamaïque	Jamajka
Japon	Japan
Kenya	Kenija
Laos	Laos
Liban	Libanon
Mexique	Meksiko
Ouganda	Uganda
Pakistan	Pakistan
Russie	Rusija
Somalie	Somalija
Soudan	Sudan
Syrie	Sirija
Ukraine	Ukrajina

Paysages
Krajolici

Cascade	Vodopad
Colline	Brdo
Désert	Pustinja
Estuaire	Estuary
Fleuve	Rijeka
Geyser	Gejzir
Glacier	Ledenjak
Grotte	Pećina
Iceberg	Santa Leda
Île	Island
Lac	Jezero
Marais	Močvara
Mer	More
Montagne	Planina
Oasis	Oasis
Péninsule	Poluotok
Plage	Plaža
Toundra	Tundra
Vallée	Dolina
Volcan	Vulkan

Pêche
Ribolov

Appât	Mamac
Bateau	Boat
Branchies	Gills
Crochet	Kuka
Eau	Voda
Exagération	Pretjerivanje
Équipement	Oprema
Fil	Žica
Fleuve	Rijeka
Lac	Jezero
Mâchoire	Čeljust
Océan	Ocean
Panier	Bsket
Patience	Strpljenje
Plage	Plaža
Poids	Težina

Pirates
Pirati

Ancre	Sidro
Aventure	Avantura
Capitaine	Kapetan
Carte	Mapa
Cicatrice	Ožiljak
Danger	Opasnost
Drapeau	Zastava
Épée	Mač
Équipage	Posada
Grotte	Pećina
Île	Island
Légende	Legenda
Mauvais	Loš
Océan	Ocean
Or	Zlato
Perroquet	Papagaj
Pièces	Kovanice
Plage	Plaža
Rhum	Rum
Trésor	Blago

Plage
Plaža

Bateau	Boat
Bleu	Plava
Coquilles	Školjke
Côte	Obala
Crabe	Rak
Dock	Dok
Île	Island
Lagune	Laguna
Mer	More
Océan	Ocean
Parapluie	Kišobran
Récif	Greben
Sable	Pijesak
Sandales	Sandale
Serviette	Ručnik
Soleil	Sunce
Vacances	Odmor
Voilier	Jedrilica

Plantes
Biljke

Arbre	Drvo
Baie	Berry
Bambou	Bambus
Botanique	Botanika
Buisson	Grm
Cactus	Kaktus
Engrais	Đubrivo
Feuillage	Lišće
Fleur	Cvijet
Flore	Flora
Forêt	Šuma
Grandir	Grow
Haricot	Grah
Herbe	Trava
Jardin	Bašta
Lierre	Bršljan
Mousse	Moss
Pétale	Latica
Racine	Root
Végétation	Vegetacija

Professions #1
Profesije #1

Ambassadeur	Ambasador
Artiste	Umjetnik
Astronome	Astronom
Avocat	Advokat
Banquier	Bankar
Bijoutier	Zlatar
Cartographe	Kartograf
Chasseur	Lovac
Danseur	Dancer
Entraîneur	Trener
Éditeur	Urednik
Géologue	Geolog
Infirmière	Sestro.
Médecin	Doktor
Musicien	Muzičar
Pianiste	Pijanist
Pompier	Vatrogasac
Psychologue	Psiholog
Scientifique	Naučnik
Vétérinaire	Veterinar

Professions #2
Profesije #2

Astronaute	Astronaut
Bibliothécaire	Bibliotekar
Biologiste	Biolog
Chercheur	Istraživač
Chirurgien	Hirurg
Dentiste	Zubar
Détective	Detektiv
Enseignant	Učitelj
Illustrateur	Ilustrator
Ingénieur	Inženjer
Inventeur	Izumitelj
Jardinier	Vrtlar
Journaliste	Novinar
Linguiste	Lingvist
Médecin	Doktor
Peintre	Slikar
Philosophe	Filozof
Photographe	Fotograf
Pilote	Pilot
Zoologiste	Zoolog

Randonnée
Planinarenje

Animaux	Životinje
Bottes	Čizme
Camping	Kampiranje
Carte	Mapa
Climat	Klima
Dangers	Opasnosti
Eau	Voda
Falaise	Cliff
Fatigué	Umoran
Guides	Vodiči
Lourd	Teška
Montagne	Planina
Nature	Priroda
Orientation	Orijentacija
Parcs	Parkovi
Pierres	Kamenje
Préparation	Priprema
Sauvage	Divlji
Soleil	Sunce
Sommet	Samit

Remplir
Za Popunjavanje

Baril	Bure
Boîte	Kutija
Bouteille	Boca
Caisse	Sanduk
Carton	Karton
Dossier	Folder
Enveloppe	Koverta
Panier	Bsket
Paquet	Paket
Poche	Džep
Pot	Jar
Sac	Kesa
Seau	Kanta
Tiroir	Crtač
Tube	Cijev
Valise	Kofer
Vase	Vaza

Restaurant #1
Restoran # 1

Allergie	Alergija
Bol	Bowl
Café	Kafa
Couteau	Nož
Cuisine	Kuhinja
Dessert	Desert
Épicé	Začinjeno
Ingrédients	Sastojci
Menu	Meni
Nourriture	Hrana
Pain	Kruh
Poulet	Kokoš
Réservation	Rezervacija
Sauce	Sos
Serveuse	Konobarica
Serviette	Salveta
Viande	Meso

Restaurant #2
Restoran # 2

Chaise	Stolica
Cuillère	Kašika
Déjeuner	Ručak
Délicieux	Ukusno
Dîner	Večera
Eau	Voda
Épices	Začini
Fourchette	Viljuška
Fruit	Voće
Gâteau	Kolač
Glace	Led
Légumes	Povrće
Oeuf	Jaja
Poisson	Riba
Salade	Salata
Sel	So
Serveur	Konobar
Soupe	Supa

Salle de Bains
Kupatilo.

Bain	Bath
Bulles	Bubbles
Ciseaux	Makaze
Douche	Tuš
Eau	Voda
Éponge	Sunđer
Lotion	Losion
Miroir	Ogledalo
Parfum	Parfem
Robinet	Slavina
Savon	Sapun
Serviette	Ručnik
Shampooing	Šampon
Tapis	Tepih
Toilette	Wc
Vapeur	Para

Science
Nauka

Atome	Atom
Chimique	Hemijski
Climat	Klima
Données	Podaci
Expérience	Eksperiment
Évolution	Evolucija
Fait	Činjenica
Fossile	Fosil
Gravité	Gravitacija
Hypothèse	Hipoteza
Laboratoire	Laboratorija
Méthode	Metoda
Minéraux	Minerali
Molécules	Molekule
Nature	Priroda
Organisme	Organizam
Particules	Čestice
Physique	Fizika
Plantes	Biljke
Scientifique	Naučnik

Science-Fiction
Znanstvena Fantastika

Atomique	Atomic
Cinéma	Bioskop
Dystopie	Distopija
Explosion	Eksplozija
Extrême	Extreme
Fantastique	Fantastično
Feu	Pali!
Futuriste	Futuristički
Galaxie	Galaksija
Illusion	Iluzija
Imaginaire	Imaginarno
Livres	Knjige
Monde	Svijet
Mystérieux	Misteriozno
Oracle	Oracle
Planète	Planeta
Robots	Roboti
Scénario	Scenario
Technologie	Tehnologija
Utopie	Utopija

Sports
Sport

Arbitre	Sudac
Athlète	Atleta
Base-Ball	Bejzbol
Basket-Ball	Košarka
Championnat	Champion
Entraîneur	Trener
Équipe	Tim
Gagnant	Pobjednik
Golf	Golf
Gymnase	Gimnazija
Gymnastique	Gimnastiku
Hockey	Hokej
Jeu	Igra
Joueur	Player
Mouvement	Pokret
Stade	Stadion
Tennis	Tenis
Vélo	Bicikl

Surf
Surfovanje

Amusement	Zabava
Athlète	Atleta
Champion	Prvak
Débutant	Početnik
Estomac	Trbuh
Extrême	Extreme
Force	Strength
Foules	Gužve
Mousse	Pjena
Océan	Ocean
Plage	Plaža
Populaire	Popularan
Récif	Greben
Style	Stil
Vague	Talas
Vitesse	Brzina

Technologie
Tehnologija

Blog	Blog
Caméra	Kamera
Curseur	Kursor
Données	Podaci
Écran	Ekran
Fichier	Fajl
Internet	Internet
Logiciel	Softver
Message	Poruka
Navigateur	Preglednik
Numérique	Digitalno
Octets	Bajtova
Ordinateur	Računar
Police	Font
Recherche	Istraživanje
Sécurité	Sigurnost
Statistiques	Statistika
Virtuel	Virtualno
Virus	Virus

Temps
Vrijeme

Année	Godina
Annuel	Godišnji
Après	Poslije
Aujourd'Hui	Danas
Avant	Prije
Bientôt	Uskoro
Calendrier	Kalendar
Décennie	Decenija
Futur	Budućnost
Heure	Sat
Hier	Juče
Jour	Dan
Maintenant	Sada
Matin	Jutro
Midi	Podne
Minute	Minuta
Mois	Mjesec
Nuit	Noć
Semaine	Sedmicu
Siècle	Century

Types de Cheveux
Tipovi za Kosu

Blanc	Bela
Blond	Plava
Boucles	Kovrče
Chauve	Ćelav
Coloré	Obojeno
Court	Kratko
Doux	Meko
Épais	Debeo
Frisé	Curly
Gris	Siva
Long	Dugo
Marron	Brown
Mince	Tanak
Noir	Crna
Sain	Zdrav
Sec	Suho
Tresses	Pletenice
Tressé	Braided

Vacances #2
Odmor # 2

Aéroport	Aerodrom
Camping	Kampiranje
Carte	Mapa
Destination	Odredište
Étranger	Strani
Hôtel	Hotel
Île	Island
Loisir	Leisure
Mer	More
Passeport	Pasoš
Photos	Slike
Plage	Plaža
Restaurant	Restoran
Réservations	Rezervacije
Taxi	Taksi
Tente	Šator
Train	Voz
Transport	Transport
Visa	Visa
Voyage	Putovanje

Véhicules
Vozila

Ambulance	Hitna
Avion	Avion
Bateau	Boat
Bus	Autobus
Camion	Kamion
Caravane	Karavan
Ferry	Trajekt
Fusée	Raketa
Hélicoptère	Helikopter
Métro	Podzemna
Moteur	Motor
Navette	Šatl
Pneus	Gume
Radeau	Splav
Scooter	Skuter
Sous-Marin	Podmornica
Taxi	Taksi
Tracteur	Traktor
Vélo	Bicikl
Voiture	Auto

Vêtements
Odjeća

Bracelet	Narukvica
Ceinture	Kaiš
Chapeau	Šešir
Chaussure	Cipela
Chemise	Košulja
Chemisier	Bluza
Collier	Ogrlica
Foulard	Šal
Gants	Rukavice
Jeans	Farmerke
Jupe	Suknja
Manteau	Kaput
Mode	Moda
Pantalon	Hlače
Pull	Džemper
Pyjama	Pidžama
Robe	Haljina
Sandales	Sandale
Tablier	Kecelja
Veste	Jakna

Ville
Grad

Aéroport	Aerodrom
Banque	Banka
Bibliothèque	Biblioteka
Boulangerie	Pekara
Cinéma	Bioskop
Clinique	Klinika
École	Škola
Fleuriste	Cvjećar
Galerie	Galerija
Hôtel	Hotel
Librairie	Knjižara
Marché	Tržište
Musée	Muzej
Pharmacie	Apoteka
Restaurant	Restoran
Stade	Stadion
Supermarché	Supermarket
Théâtre	Pozorište
Université	Univerzitet
Zoo	Zoo

Félicitations

Vous avez réussi !

Nous espérons que vous avez apprécié ce livre autant que nous avons pris plaisir à le concevoir. Nous faisons de notre mieux pour créer des livres de la meilleure qualité possible.
Cette édition est conçue pour permettre un apprentissage intelligent et de qualité en se divertissant !

Vous avez aimé ce livre ?

Une Simple Demande

Nos livres existent grâce aux avis que vous publiez. Pourriez-vous nous aider en laissant un avis maintenant ?

Voici un lien rapide qui vous mènera à votre page d'évaluation de vos commandes :

BestBooksActivity.com/Avis50

CHALLENGE FINAL !

Défi n°1

Êtes-vous prêt pour votre jeu bonus ? Nous les utilisons tout le temps mais ils ne sont pas si faciles à trouver. Voici les **Synonymes** !

Notez 5 mots que vous avez trouvés dans les puzzles notés ci-dessous (n°21, n°36, n°76) et essayez de trouver 2 synonymes pour chaque mot.

Notez 5 Mots du *Puzzle 21*

Mots	Synonyme 1	Synonyme 2

Notez 5 Mots du *Puzzle 36*

Mots	Synonyme 1	Synonyme 2

Notez 5 Mots du *Puzzle 76*

Mots	Synonyme 1	Synonyme 2

Défi n°2

Maintenant que vous vous êtes échauffé, notez 5 mots que vous avez découverts dans les Puzzles n° 9, n° 17, n° 25 et essayez de trouver 2 antonymes pour chaque mot. Combien pouvez-vous en trouver en 20 minutes ?

Notez 5 Mots du **Puzzle 9**

Mots	Antonyme 1	Antonyme 2

Notez 5 Mots du **Puzzle 17**

Mots	Antonyme 1	Antonyme 2

Notez 5 Mots du **Puzzle 25**

Mots	Antonyme 1	Antonyme 2

Défi n°3

Formidable ! Ce défi final n'est rien pour vous.

Prêt pour le dernier défi ? Choisissez 10 mots que vous avez découverts parmi les différents puzzles et notez-les ci-dessous.

1.	6.
2.	7.
3.	8.
4.	9.
5.	10.

Maintenant, composez un texte en pensant à une personne, un animal ou un lieu que vous aimez !

Astuce: Vous pouvez utiliser la dernière page de ce livre comme brouillon !

Votre Composition :

CARNET DE NOTES :

À TRÈS BIENTÔT !

Toute l'équipe

DECOUVREZ DES JEUX GRATUITS

GO

↓

BESTACTIVITYBOOKS.COM/FREEGAMES